Tríada oscura

NARCISISMO.

PSICOPATÍA.

MAQUIAVELISMO.

STEVEN HAWTHORNE

Impresión y editorial: BoD – Books on Demand
info@bod.com.es - www.bod.com.es
Impreso en Alemania – Printed in Germany
ISBN: 9788411231640

Índice.

1. Introducción.
2. Narcisismo.
3. El narcisista.
4. El antisocial.
5. El psicópata.
6. Modelo de los Cinco Grandes.
7. La tríada oscura.
8. La tríada oscura vulnerable.
9. Bibliografía.

Introducción.

En psicología se denomina "la tríada oscura" a los rasgos de la personalidad que se consideran malévolos y están incluidos en la psicopatía, el maquiavelismo y el narcisismo. Delroy Paulhus y Kevin M. Williams[1] identificaron tres tipos de rasgos que, a pesar de ser considerados patológicos, no cumplen necesariamente los criterios para un trastorno de la personalidad ni otros tipos de trastornos mentales. Estos autores procedieron a un estudio empírico en un nivel subclínico, es decir, que los rasgos en sí no muestran síntomas clínicamente significativos, pero expresan una alteración en la conducta y el pensamiento. El Manual Diagnóstico y Estadístico de los Trastornos Mentales no recoge el constructo de la tríada oscura, aunque sí clasifica en la última sección los rasgos de la personalidad psicópata.

El trío incluye la psicopatía, el maquiavelismo y el narcisismo; y describe tres rasgos que comparten un *núcleo oscuro*: bajo en amabilidad y falta de empatía. Las personas con estos rasgos pueden o no cumplir los criterios del trastorno de la personalidad antisocial y/o narcisista, pero con o sin trastorno son muy perjudiciales para los demás: son insensibles, egoístas y malévolos en sus relaciones interpersonales[2].

---

[1] Paulhus, D. L.; Williams, K.M. (2002). «The Dark Triad of Personality (en inglés)». Journal of Research in Personality, 36: 556-563.

[2] Paulhus & Williams.

El trastorno **antisocial** de la personalidad (TAP) se caracteriza por un patrón de conducta, pensamiento y sentimiento de desprecio y violación de los derechos de los demás. Estas personas no se ajustan a las normas sociales, mienten o engañan a otros y actúan de forma impulsiva. Este tipo de personalidad se puede representar como *la parte oscura de la humanidad*. Una persona con trastorno de la personalidad antisocial introduce el desorden y la discordia, es capaz de cometer los actos más destructivos, se ve envuelta en conductas violentas, agresivas y manipulativas, mientras experimenta insensibilidad e indiferencia hacia el bienestar de los demás. Desprecia las normas y provoca relaciones interpersonales y sociales destructivas. A lo largo de la historia el trastorno de la personalidad antisocial ha sido denominado de diferentes formas: demencia, sociopatía y psicopatía. El término psicopatía hace referencia actualmente al tipo más severo de la personalidad antisocial. La diferencia entre ambos se basa en que el trastorno antisocial comprende un diagnóstico del comportamiento que está incluido en el DSM-5 mientras la **psicopatía** describe rasgos de la personalidad tales como insensibilidad, egocentrismo y un nivel bajo de ansiedad.

El individuo **narcisista** tiene una percepción excesiva de su propia importancia, una necesidad extrema de ser valorado o admirado y carece de empatía. Necesita proyectar una imagen de sí mismo idealizada y que los demás piensen que es relevante, imprescindible y virtuoso, además, exige atención constante y un trato especial. Precisamente su egolatría y su sentimiento de privilegio son el producto de su inseguridad y temor a no ser valioso, así como los factores que le impulsan a crear una imagen social influyente.

Si no recibe el reconocimiento o los halagos que necesita, o bien escucha críticas hacia su persona, deja de ser sociable y encantador y reacciona de forma cruel y vengativa. Su capacidad crítica es escasa o nula, no es capaz de ver sus propios defectos ni de valorar las virtudes de los demás. Se cree superior a los demás y necesita ser el centro de atención.

El trastorno **narcisista** de la personalidad se caracteriza por un patrón generalizado de grandiosidad (fantasía o comportamiento), necesidad de admiración y falta de empatía. Las facetas narcisistas características de la tríada oscura recogen los rasgos de grandiosidad, arrogancia, exhibicionismo, dominancia y explotación ajena, mientras los rasgos de timidez, introversión, inestabilidad anímica, autocrítica excesiva y desconfianza en los demás están asociados con un tipo de tríada vulnerable. El modelo dimensional comparado con el modelo categorial oficial presenta claras ventajas que incluyen la patología del narcisismo vulnerable-introvertido y el grandioso-extrovertido. El narcisista acude a consulta con mayor frecuencia cuando experimenta sentimientos de vacío y depresión, en este sentido, es el subtipo vulnerable el que tiene mayor probabilidad de acudir a psicoterapia; por tanto, la práctica clínica se basa con frecuencia en este tipo de rasgos.

El término '**psicopatía**' significa literalmente "enfermedad mental" (proviene de *psyche*, mente, y *pathos* enfermedad). En los medios de comunicación y en el uso de la lengua se utiliza este término de forma sinónima a "locura" o "enfermedad mental".

Históricamente se ha considerado que *la maldad* y *la locura* convergen en este tipo de personalidad. A veces el psicópata comete crímenes tan repugnantes moralmente, que nos hace pensar que no es posible que ese individuo no esté loco. Por ejemplo, una persona normal no puede comprender que Jeffrey Dahmer quien asesinó, violó y comió los cuerpos de muchas de sus víctimas estuviera en su sano juicio. Tampoco es comprensible el caso del doctor Herman Mudgett (Dr. H. H. Holmes) quien sedujo, mató, torturó y diseccionó a cientos de mujeres en el *Castillo* que había construido con tal fin. Sin embargo, lo que entendemos por psicopatía se aleja de nuestra comprensión de enfermedad mental: los **psicópatas** son depredadores sociales que usan su encanto para conseguir lo que quieren, manipulan y salen adelante dejando un rastro de dolor y destrucción. Las personas cercanas se arruinarán vital y económicamente.

Los psicópatas no están locos según los estándares legales y psiquiátricos. Sus actos no provienen de una mente trastornada sino de una racionalidad fría y calculadora. Los demás son objetos para ellos, no seres vivos con sentimientos.

Los psicópatas no están locos, pueden tener una racionalidad fría y calculadora.

La **psicopatía** se caracteriza por:

1.	Falta considerable de miedo o ansiedad.
2.	Estilo interpersonal audaz que puede enmascarar comportamientos desadaptativos (por ejemplo, el fraude).
3.	Niveles bajos de ansiedad, dominio de la afectividad negativa.
4.	Distanciamiento, dominio del desapego.
5.	Altos niveles de búsqueda de atención, dominio del antagonismo.

La psicopatía ha de ser entendida dentro de un continuum, en la tercera sección del DSM-5 se contempla como un subtipo del trastorno antisocial. Los rasgos principales del psicópata son: pobreza de reacción afectiva, tendencia a la mentira patológica, incapacidad para experimentar vergüenza, culpa o remordimiento y ausencia de manifestaciones neuróticas. Es decir, se contempla que la psicopatía no forma parte de un trastorno neurótico, ni psicótico. Con respecto a si es un trastorno de la personalidad la comunidad científica difiere: si tenemos en cuenta el criterio de malestar clínicamente significativo, no lo sería; pero si nos basamos en los rasgos inflexibles y desadaptativos que causan deterioro funcional, sí se puede considerar una anomalía de la persona.

El ser humano es un ser social, y, como tal, tiene la habilidad de interactuar con los otros, el psicópata puede engañar en un inicio, pero antes o después muestra la falta de empatía hacia los demás. No son capaces de sentir como el resto de los seres humanos y no perciben realmente el sentimiento de los demás. Sus emociones son planas, aunque saben imitarlas a la perfección. La incapacidad de identificación les hace ser egoístas y juzgar a los demás como **objetos** que pueden satisfacer sus objetivos. Violan las normas sociales y las expectativas de los otros, sin sentir ni culpa ni remordimiento.

El psicópata es hábil ocultando sus intenciones y simulando emociones de apego y de empatía, sin embargo, se caracteriza por la tendencia hacia la manipulación, la impulsividad, la ausencia de valores del "Bien" y del "Mal", la crueldad, la irritabilidad, la promiscuidad, etc.

Cuando imaginamos a un psicópata solemos caracterizarlo como un asesino en serie, sin embargo, este tipo es un porcentaje mucho menor. No sólo existe el violento, hay también otros tipos, como el tiránico, el codicioso, el colérico, el débil e incluso el integrado. La sociedad actual premia y elogia a este último tipo: el abogado, banquero, político, ejecutivo sin escrúpulos, etc. Debido a la aceptación social suelen estar en puestos de poder y ser depredadores sociales (por supuesto, no todas las personas que ocupan un cargo de poder son psicópatas). El encanto, la labia y la posición social nos impide ver el peligro que suponen, por esta razón, son muy peligrosos.

Actualmente muchos están camuflados bajo los valores sociales vigentes y, de hecho, sus conductas son potenciadas, hasta el punto de que el diagnóstico pasa muchas veces desapercibido. Encontramos ejemplos en el jefe déspota, el amante posesivo e infiel, etc.

Con respecto al tipo violento, al que las películas nos han acostumbrado, suele dar muestras de su personalidad desde la infancia o adolescencia, uno de los rasgos que el investigador analiza es si el sujeto fue un maltratador de animales. Este tipo suele ser denominado "sociópata", porque además de cumplir los criterios de la psicopatía también siente placer matando y/o torturando. Por ejemplo, de Charles Manson se dice que es antisocial, narcisista y psicópata, pero no sociópata; si lo hubiera sido no se habría perdido el placer de matar directamente. Aunque el mismo individuo puede ser diagnosticado de psicópata y de sociópata por diferentes psiquiatras.

El constructo **maquiavelismo** o *personalidad manipuladora* consiste en la tendencia a manipular, a traicionar, a engatusar y a servirse de los demás sin escrúpulos. Estos individuos se caracterizan por engañar de forma sistemática, tener una visión sobre la naturaleza humana cínica y menospreciar los valores morales o éticos. El término proviene del libro "El Príncipe" en el que su autor Nicolás Maquiavelo propone el mejor tipo de gobernante para el pueblo: el príncipe ha de valerse de cualquier medio para conseguir conservar el poder.

Consideraba, Maquiavelo, que sólo una figura autoritaria, segura de sí misma y poco empática podía otorgar el orden necesario para la sociedad, y, en este sentido, el mejor gobernante es aquel que no da pie al desorden o a la anarquía. Independientemente de una valoración política, el término "maquiavélico" ha pasado al uso común de la lengua como algo peyorativo o malvado. Esto se debe a la popularización de algunas frases del tratado:

Los hombres ofenden antes al que aman que al que temen.

Las palabras deben servir para ocultar los hechos.

Es posible y necesario hacer un buen uso de la crueldad.

A los hombres se les ha de mimar o aplastar, pues se vengan de las ofensas ligeras, ya que de las graves no pueden: la afrenta que se hace a un hombre debe ser tal que no haya ocasión de temer su venganza.

Las injusticias se deben hacer todas a la vez a fin de que, por probarlas menos, hagan menos daño, mientras que los favores deben hacerse poco a poco con el objetivo de que se aprecien mejor.

Nunca intentes ganar por la fuerza lo que puede ser ganado por la mentira.

El fin justifica los medios.

En psicología el maquiavelismo es el conjunto de rasgos de la personalidad que muestran la primacía de los intereses propios y la cosificación de los otros. Es decir, la persona maquiavélica prioriza sus intereses y considera a los demás como medios para obtener sus fines.

La mente del individuo maquiavélico es fría, premeditada y calculadora, el objetivo de estas personas es manipular y, para ello, usarán la labia y el encanto personal hasta que consigan algún beneficio. Son cínicos y expertos en detectar las debilidades de los demás, saben cuando han de ser afectivos o agresivos e intervienen hábilmente usando cualquier medio o distorsionando la verdad o la justicia al servicio de sus propios intereses.

El DSM-5 abandona la clasificación multiaxial (de la edición anterior: DSM-IV) y ofrece un modelo mixto: conserva el tradicional modelo **categorial** y añade una aproximación de tipo **dimensional**. El modelo dimensional alternativo se define mediante dos aspectos: dificultades en el funcionamiento de la personalidad y rasgos patológicos. El modelo dimensional no considera necesario que los rasgos produzcan sufrimiento para ser patológicos, sino que estos pueden representar variables desadaptativas que mantienen un continuo entre la normalidad y la patología. La clasificación del **modelo categorial** está basada en un modelo médico de enfermedad y utiliza un sistema politético, en el que han de cumplirse un determinado número de criterios para diagnosticar una patología. Esto implica que se toma como referente una **clasificación binaria**: la normalidad y la patología se definen en función de criterios diagnósticos (es patología cuando cumple 'x' criterios diagnósticos). El modelo categorial se fundamenta en diferencias cualitativas entre normalidad y patología: un conjunto de síndromes presentes en un individuo define su patología. Por ejemplo, tomemos como analogía una patología de la gripe en la que la presencia de tos, fiebre, dolor muscular son los criterios para el diagnóstico.

Desde un punto de vista dimensional el grado en el que se presentan ciertos rasgos de la personalidad delimitan la normalidad y la patología. El DSM-5 propone en la última sección un modelo dimensional alternativo que sirva de base para el diagnóstico de los trastornos de la personalidad en futuras ediciones. El **modelo dimensional** (sección III, modelo alternativo para los trastornos de la personalidad) comparado con el modelo categorial oficial (sección II) presenta claras ventajas que incluyen la patología del narcisismo vulnerable-introvertido y el grandioso-extrovertido.

Narcisismo.

El término "narcisista" deriva del mito de Narciso. Narciso era un joven que se enamoró de sí mismo tras mirar el reflejo de su imagen en el agua, pasaba horas admirando su inmensa belleza hasta que un día cayó al agua y se ahogó. El relato representa el arquetipo de vanidad y egocentrismo.

La mitología griega describe cómo todos los hombres y mujeres se enamoraban de él, pero Narciso deambulaba por el mundo buscando el amor ideal y no consideraba a nadie digno de ser amado. Eco, condenado a repetir las últimas palabras de lo que se dijera, no era capaz de expresarle su amor. Un día caminando por el bosque el joven Narciso preguntó "¿Hay alguien aquí?", Eco respondió "aquí, aquí". Narciso quiso burlarse y le gritó "¡Ven!, embaucado de amor salió Eco a su encuentro y fue cruelmente rechazado. Némesis -llamada Ramnusia-, la diosa de la justicia retributiva, decidió castigar al joven por su arrogancia y le condenó a muerte si miraba su reflejo. Pero Narciso no pudo evitar mirarse y enamorado de sí mismo, se consumió en deseo insatisfecho.

Freud conceptualizó el término 'narcisismo' como la represión de cualquier emoción o información que disminuye el sentido del *yo*. Afirmó, además, que la imagen del *yo* se extiende desde un concepto equilibrado a uno obsesionado con ideas de grandeza.

Karen **Horney** definió el narcisismo como amor hacia sí mismo excesivo y admiración por la propia valía. No estuvo de acuerdo con la concepción del origen del narcisismo como el producto de unos cuidadores desapegados, en su opinión si los padres no quieren a sus hijos tal y como son, estos desarrollan un sentido del ego excesivo para conseguir que se les preste atención y se les admire. Horney pensaba que el amor propio del narcisista es ilusorio y que el narcisismo se deriva de la incapacidad de amarse a uno mismo o a los demás. Esta idea es opuesta a la freudiana que postula que la incapacidad de amar del narcisista se debe a que se quiere a sí mismo demasiado.

Kohut propuso dos sistemas de "**perfección narcisista**" que el infante crea para compensar las inevitables deficiencias maternas, como la **respuesta empática deficiente**. Como resultado del comportamiento de la madre, el niño crea un sentido de grandiosidad sobre sí mismo para estabilizar su imagen interna. El espectro del trastorno consiste en la idealización de los progenitores llamada "imago parental idealizada", que es un mecanismo por medio del cual el niño protege su bienestar creando un objeto externo con poder ilimitado, fuerza y bondad. Este objeto externo es la imagen de sus progenitores que, desafortunadamente, no alcanzan sus expectativas mostrando un mundo aterrador, doloroso e inseguro.

Kernberg utilizó el término "**la estructura de la personalidad narcisista**" (enunciado por Kohut en 1968) para describir el aspecto **dimensional** del narcisismo que se desarrolla desde la normalidad a la patología, postulando el origen del trastorno:

- rechazo de los padres,
- devaluación,
- un medio alienante y
- unos padres egocéntricos que sólo se relacionan con sus hijos para alcanzar sus propias necesidades.

El niño interactúa con el mundo de forma auténtica hasta que se da cuenta de que sus necesidades no serán satisfechas, entonces idealiza y crea un medio fantasioso sobre sí mismo y los demás. Se retrae dentro de su fantasía percibiendo el mundo exterior como un lugar duro y peligroso, en el que encuentra consuelo disociándose y distorsionando a los demás.

Como consecuencia, el infante se repliega y desarrolla un sentido patológico de grandiosidad que incluye los siguientes aspectos:

los aspectos reales del niño interactúan con el mundo

el niño crea aspectos fantasiosos sobre su yo

el niño idealiza a sus padres y a los demás como personas cariñosas

el niño crea un yo falso como refugio de una dura realidad

El desarrollo de este mundo fantasioso se convierte en una parte esencial del desarrollo de su *yo* que se expresa por medio de creencias, comportamiento y pautas narcisistas. Es el inicio de la disociación del yo y fundamenta los aspectos críticos del espectro del trastorno narcisista de la personalidad caracterizado por:

- sentimientos subjetivos de vacío,

- un deseo constante de admiración y excitación, y

- un sentimiento de vergüenza.

Millon propuso la teoría del desarrollo narcisista: el narcisismo no se desarrolla por la devaluación paterna, sino por la **sobrevaloración**. El niño es tratado como una persona especial y única, a la que los padres le dedican constante atención considerándolo perfecto. Debido a esta concepción irrealista de su *yo*, el niño desarrollará en el futuro un trastorno narcisista de la personalidad en el que se cree merecedor de todo por ser perfecto. Con el tiempo el niño asumirá que los demás han de prestarle la atención que se merece y utilizará estrategias exigentes y arrogantes para aprovecharse de ellos en beneficio propio.

La investigación clínica actual muestra que los niños consentidos tienen mayor tendencia a desarrollar un trastorno narcisista de la personalidad.

También la imagen de los padres juega un papel decisivo en el desarrollo del trastorno:

- cariñosos, pero manipuladores,
- indulgentes y autoritarios,
- abnegados, que se olvidan de sí mismos concediendo al niño amor incondicional e ilimitado.

Esta última característica, la de unos padres abnegados, impide que el niño desarrolle empatía hacia los demás entendiendo que cada persona tiene necesidades y sentimientos. Debido a esto aprende que los padres están ahí únicamente para satisfacer sus deseos y proyecta esta imagen en los demás.

El infante desarrolla una personalidad egotista, en la que el sentimiento exagerado de sí mismo le impide entender que los demás no están ahí para satisfacerle y adorarle. La realidad tal y como es le produce emociones de agitación y perturbación. Siente continuamente que puede *caer del pedestal*, como resultado de la diferencia de percepción de sus progenitores a la del mundo externo. Es más, raras veces el niño sobrevalorado es superdotado, habitualmente sus habilidades y capacidades son corrientes, por lo cual afrontar la realidad le produce gran estrés, vergüenza y desesperanza.

El narcisista.

El individuo narcisista tiene una percepción excesiva de su propia importancia, una necesidad extrema de ser valorado o admirado y carece de empatía. Necesita proyectar una imagen de sí mismo idealizada y que los demás piensen que es relevante, imprescindible y virtuoso, además, exige atención constante y un trato especial. Precisamente su egolatría y su sentimiento de privilegio son el producto de su inseguridad y temor a no ser valioso, así como los factores que le impulsan a crear una imagen social influyente. Si no recibe el reconocimiento o los halagos que necesita, o bien escucha críticas hacia su persona, deja de ser sociable y encantador y reacciona de forma cruel y vengativa. Su capacidad crítica es escasa o nula, no es capaz de ver sus propios defectos ni de valorar las virtudes de los demás. Se cree superior a los demás y necesita ser el centro de atención.

Kernberg (1975) afirmó que el narcisismo está relacionado con la regulación del afecto, el funcionamiento del *superyó,* el funcionamiento cognitivo y las relaciones interpersonales: regular la propia autoestima se vuelve problemático en una realidad que se desliza entre los márgenes borrosos del propio mundo y del de fuera.

El narcisista es el **tipo enamorado de sí mismo**, **sociable** y **seguro**, aquel que camina triunfante entre la **confianza en sí mismo** y el **sentido de la propia valía**.

En un inicio resulta **encantador**, sociable, líder... y este es el **peligro**, porque más adelante será **cruel**, **egoísta**, **maltratador**...

Su ambición le permite convertir sus sueños en realidad, **conquista a los demás** consiguiendo una buena imagen social. Se le concede un **puesto de poder** que le hace sentir importante y persona de mérito. Su liderazgo motiva a los demás.

Consigue altos cargos **a costa de otros** a los que **utiliza** para alcanzar sus fines, es amable con quienes puede obtener algo a cambio y **cruel** cuando lo consigue.

La problemática nace cuando estas cualidades son llevadas al extremo y le convierten en sujeto **arrogante** y **explotador**, escindido en percepciones subjetivas en las que su valía le sitúa **por encima de los otros**.

Considera a **los demás inferiores**, para él son sus súbditos y deben de adorarle y servirle.

Es **frío**, **insensible** y **duro**.

Es **desleal** e **interesado**, no es empático, ni generoso, su **ego** y la admiración que se profesa a sí mismo son los únicos horizontes que puede ver.

Necesita **controlar** y **gobernar** a los demás. Este tipo de personas suele tener puestos de poder: en finanzas, religión y gobierno, que utiliza para aprovecharse de los demás en beneficio propio.

Se considera a sí mismo especial, infalible, inteligente, superior y merecedor del mejor trato. Sólo se interesa por sí mismo, no es ético y con frecuencia resulta un **peligro** para la sociedad y los que le rodean.

Sin embargo, es necesario diferenciar la personalidad narcisista del trastorno, considerarlas iguales es como decir que la tristeza es lo mismo que la depresión. Por ejemplo, cuando alguien dice que su novio es narcisista está describiendo a una persona egoísta, autocomplaciente, insensible, cruel y demandante de atención. Pero si hablamos de un individuo con trastorno hemos de incluir un comportamiento extremo y excesivamente perjudicial.

La diferencia entre personalidad y trastorno es compleja, no hay una clara distinción entre normalidad y anormalidad. Ambas forman dimensiones dentro de un continuo. En otras palabras, no es la personalidad el problema, desde un punto de vista clínico, sino la alteración del yo y la desadaptación al medio.

El **trastorno de la personalidad narcisista** es un patrón de conducta, pensamiento y sentimiento por el que las personas de este tipo necesitan sentirse admirados. Estas personas no tienen empatía y se sobrevaloran llegando a sentimientos de grandiosidad. Creen merecerse todo y se aprovechan de los demás.

- Hipersensibilidad a la crítica.
- Falta de empatía.
- Tendencia a la sobrevaloración de sí mismo.

Es egocéntrico, arrogante e insociable. Tiene ideas de grandeza, se preocupa por el éxito, la belleza o el éxito. Se considera superior a los demás y, por tanto, cree que se merece un trato especial.

Narcisista.

Actitud:
soy especial
los demás están para servirme
me merezco lo mejor

Conducta:
egocentrismo

El trastorno de la personalidad narcisista se caracteriza por **necesidad de admiración, falta de empatía** y **sentimientos de grandeza y prepotencia.** Las personas con este trastorno se suelen atribuir una **importancia excesiva** e **infravaloran a los demás.** Se ven superiores y racionalizan su tendencia a **manipular** y utilizar a los otros en beneficio propio. Creen en sí mismos y en su capacidad, se sienten extraordinarios y hábiles. Hablan directamente de sus logros y se aprovechan de los demás por creer que son débiles e inferiores. Estos individuos sobrestiman sus capacidades y no pueden evitar exagerar sus logros de manera arrogante y pretenciosa. Les es necesario que otros atribuyan el mismo valor a su persona, sorprendiéndose si no reciben los elogios que se merecen o si no le envidian. El **modelo categorial** caracteriza el trastorno narcisista de la personalidad como un patrón generalizado de grandiosidad (fantasía o comportamiento), necesidad de admiración y falta de empatía.

Empieza en la adulta, se presenta en una variedad de contextos y ha de cumplir cinco o más de los siguientes criterios:

Grandiosidad y **prepotencia**: el narcisista piensa que tiene mucho talento y que es capaz de realizar grandes hazañas (criterio diagnóstico 1 del DSM-5).

Sus preocupaciones están basadas en **fantasías de éxito**, por ejemplo, belleza, poder, genialidad y amor ideal ilimitado (criterio diagnóstico 2 del DSM-5).

Sus **relaciones** se limitan a personas o instituciones de **alto estatus** (criterio diagnóstico 3 del DSM-5).

Siente una gran necesidad de ser **admirado** (criterio diagnóstico 4 del DSM-5).

Tiene **sentimiento de privilegio**: cree que merece todo y que los demás debe de tratarle con deferencia, además, de cumplir sus expectativas (criterio diagnóstico 5 del DSM-5).

Abusa de las relaciones: se aprovecha y utiliza a los demás para conseguir sus propios objetivos (criterio diagnóstico 6 del DSM-5).

Falta de empatía: no reconoce ni identifica los sentimientos y necesidades de los demás (criterio diagnóstico 7 del DSM-5).

Envidia: es envidioso y cree que los demás le envidian (criterio diagnóstico 8 del DSM-5).

Sentimiento de superioridad: siente que es superior a los demás y es arrogante y altivo (criterio diagnóstico 9 del DSM-5).

El individuo con trastorno narcisista de la personalidad:

+ cree en sí mismo y en su capacidad, sintiéndose **extraordinario**,
+ es hábil para **competir**, reinventa el sueño de sí mismo: siempre en la cúspide, siempre mejor,
+ habla directamente de sus **logros**, sabe venderse bien,
+ es astuto para conseguir lo que desea, **aprovechándose** de los que considera más débiles,
+ pretende ser tratado siempre con **deferencia** por parte de los demás,
+ agradece los cumplidos de los otros y **desprecia** las **críticas** que de él se hacen,
+ tiende a tener **poco interés** en **relaciones** íntimas, sensuales o cercanas,
+ su nivel de **empatía** hacia los demás es **escaso**,
+ es ajeno al **dolor de los demás**,
+ sólo se preocupa por **sí mismo** y considera que la **empatía** es un signo de **debilidad** y **vulnerabilidad**,
+ está absorto en fantasías de **éxito**, **poder**, **amor ideal** y **belleza**,
+ **exige** que los demás estén pendientes de él y le consideren **superior**,
+ se compara a sí mismo con **gente famosa**,
+ se siente **superior**, **único** y **especial**,
+ es **envidioso** y cree que los demás le envidian,
+ le molesta que la conversación no gire en torno a él,
+ muestra comportamientos **paternalistas** y manifiesta **desprecio** a los que considera inferiores,
+ **explota** a los demás y cree que tiene derecho a todo,
+ es percibido por los demás como una persona **fría**, **interesada** y **manipuladora**,
+ su autoestima del narcisista es tan frágil que necesita continuamente que le **halaguen**, si no se siente admirado se irrita y reacciona de forma **cruel**.

El narcisista se percibe a sí mismo como **perfecto**, asigna a su *yo* un **valor idealizado** que ha de ser **elogiado** continuamente. Se siente **humillado** ante cualquier muestra de indiferencia, el mundo en el que vive le condena al vacío. El trastorno narcisista de la personalidad suele manifestarse a principio de la edad adulta, agravándose con las limitaciones del envejecimiento. Es característico de las personas que padecen este trastorno que valoren por encima de todo la fuerza, la belleza, la salud y la juventud. Los criterios diagnósticos vigentes del DSM-5 caracterizan el trastorno de la personalidad narcisista como un patrón generalizado de grandiosidad, necesidad de admiración y falta de empatía. Es decir, esta definición del TNP se inclina por el subtipo grandioso. Sin embargo, poco después incluye al tipo **vulnerable** describiendo una alta sensibilidad ante las amenazas del ego y el daño emocional. Además, le atribuye rasgos vulnerables como retirada social. En este sentido, los narcisistas son personas frágiles a quienes se les puede dañar fácilmente con cualquier desafío o crítica a su *inflada* autoimagen. El rasgo de vulnerabilidad del narcisista mantiene una semejanza con el límite y la ausencia de grandiosidad le acerca al antisocial.

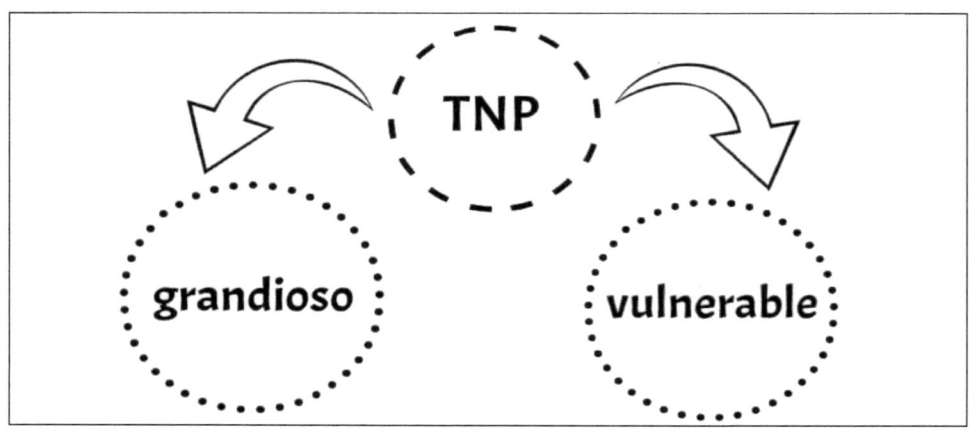

Los dos tipos de narcisismo comparten rasgos de la personalidad, pero también se diferencian en otros.

Características de los tipos de narcisismo:

Narcisista grandioso	Narcisista vulnerable
Manipulador	Caprichoso
Insensible a las criticas	Sensible a las críticas
Inconsciente	*Hipervigilante*
Extrovertido	Introvertido
Exhibicionista	Cerrado
Niño especial	Niño tímido
Arrogante	Tímido
Niño incivilizado infantil	Niño mimado infantil

Comparten ambos:

- ❖ la prepotencia,
- ❖ el sentimiento de privilegio (tener derecho a todo) y
- ❖ ser desagradables.

Difieren en:

narcisista grandioso	narcisista vulnerable
alta autoestima	baja autoestima
seguridad en sí mismo	inseguridad
atrevimiento	timidez
extroversión	introversión
ambición	ansiedad
éxito social	rechazo social

Uno de los ejemplos característicos de Campbell sobre el **narcisista vulnerable** es el individuo que sufre rechazo social, entra un día en su instituto con un arma de fuego y mata a todo aquel que puede. Después se suicida, pero deja su biografía al acceso. Es una persona infeliz, que su forma de disfrutar es imaginar que mata a todo aquel que piensa le ha humillado o infravalorado y fantasea con que Spielberg produzca una película en su honor. De este tipo puede decirse que no disfruta de la vida, que se satisface a sí mismo anticipando el daño que hará. Mientras que el **narcisista grandioso** puede ser un genocida, un jefe de gobierno, un banquero desalmado, un líder de una secta... Se podría poner a modo de ejemplo a Hitler.

La diferencia entre el narcisista y el antisocial en ambos casos reside en que el primero necesita ser admirado. El narcisista extremo es como el asesino en serie que va dejando pistas para que el detective se maraville con su inteligencia y genialidad. Volvamos al ejemplo del narcisista vulnerable, imaginemos un asesino en serie llamado Narciso. Narciso siente que de pequeño fue desatendido, a pesar de haber nacido en una familia atenta cuyo padre era un famoso abogado y pudo darle todas las ventajas a su hijo. En su biografía se queja de que la educación paterna consistía en la amabilidad y compasión, y que estos valores le desviaron de un patrón de conducta exitoso. Como hombre, debía de actuar como el *macho alfa* para conseguir que las mujeres se fijaran en él, la amabilidad y dulzura sólo le conducían al rechazo. La ausencia de admiración la interpreta como un signo intencionado para humillarle, sintiendo que tiene derecho a todo y que es superior a los demás, idea un plan de venganza para reestablecer la justicia que se le ha negado.

La distinción entre el narcisista y el **antisocial** es la impulsividad o la necesidad de actuar con sentimientos y pensamientos impulsivos. Los actos impulsivos pueden llevar al antisocial a cometer delitos que le conduzcan a la cárcel, mientras el narcisista tiende a ser menos impulsivo, a centrarse en su buena imagen y a pensar detenidamente antes de cometer delitos para no ser pillado.

Desde un **punto de vista dimensional** el grado en el que se presentan ciertos rasgos de la personalidad delimitan la normalidad y la patología. El DSM-5 propone en la última sección un modelo dimensional alternativo que sirva de base para el diagnóstico de los trastornos de la personalidad en futuras ediciones.

El **modelo dimensional** (sección III, modelo alternativo para los trastornos de la personalidad) comparado con el modelo categorial oficial (sección II) presenta claras ventajas que incluyen la patología del narcisismo vulnerable-introvertido y el grandioso-extrovertido. El narcisista acude a consulta con mayor frecuencia cuando experimenta sentimientos de vacío y depresión, en este sentido, es el subtipo vulnerable el que tiene mayor probabilidad de acudir a psicoterapia; por tanto, la práctica clínica se basa con frecuencia en este tipo de rasgos.

El modelo dimensional incluye en el **criterio A**: deterioro moderado o grave en el funcionamiento de la personalidad dentro de los dominios de:

- identidad,
- autodirección,
- empatía e
- intimidad.

El **criterio B** establece que únicamente dos rasgos han de estar presentes:

- grandiosidad y

- búsqueda de atención.

El modelo alternativo conceptualiza la patología dentro de los rasgos patológicos que interceden en el buen funcionamiento del *self* y de las relaciones interpersonales. Además, establece que la estructura patológica de la personalidad se debe a un constructo dual:

- el *contenido esencial* de la personalidad (criterio A) y

- los rasgos patológicos (criterio B).

Se establece un **continuo** entre la **personalidad** y el **trastorno**.

Criterio A:

Contenido patológico del trastorno de la personalidad narcisista:

1.	**Identidad**: la autoestima del individuo y su representación mental se establecen por medio de continuas comparaciones con los demás, percibiendo la propia valía de forma extrema: alta o baja, así como el valor del self en función de cómo es capaz de controlar sus emociones.
2.	**Autodirección**: el individuo establece objetivos en función de la aceptación de los demás, tiene estándares poco razonables y extremos sobre su naturaleza especial y privilegiada, además, su percepción ce cuál es su propia motivación es escasa.
3.	**Empatía**: la capacidad de percibir las emociones y derechos de los demás está deteriorada. Suele estar excesivamente atento a las respuestas de los demás, aunque únicamente en lo que le concierne. Sobreestima o devalúa la influencia de los demás.
4.	**Intimidad**: las relaciones sociales son frívolas y carecen de profundidad, están únicamente orientadas hacia el fomento de su autoestima. El individuo tiene poco interés en su pareja, sólo le interesa lo que pueda utilizar en beneficio propio.

Criterio B:

Rasgos patológicos de la personalidad narcisista:

1. **Grandiosidad**: el individuo tiene sentimientos de privilegio (*tener derecho*), es egocéntrico y cree que es mejor que los demás, mostrándose paternalista y despectivo.

2. **Búsqueda de atención**: el comportamiento del individuo se dirige a despertar el interés de los demás, siendo el centro de atención y esforzándose en que le admiren.

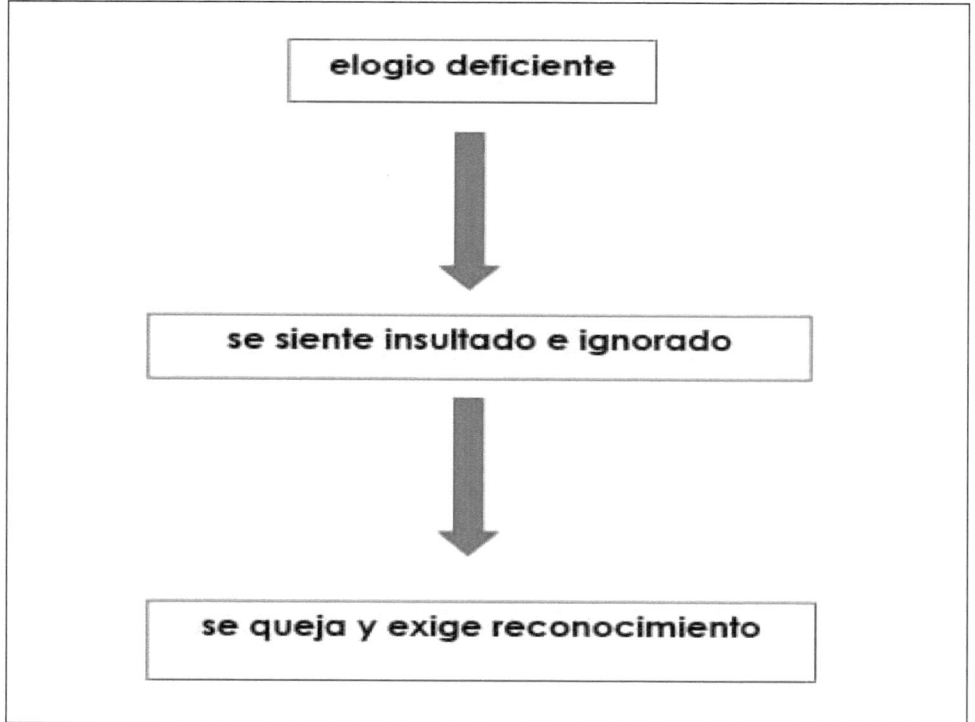

Narcisista grandioso en relación con su autoestima:

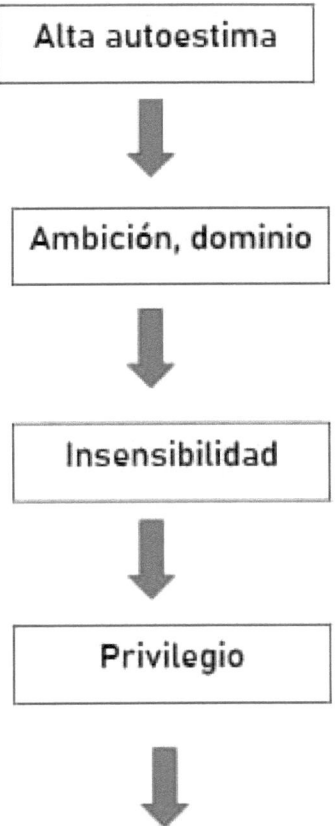

Narcisista vulnerable en relación con su autoestima:

Baja autoestima

Ansiedad, inseguridad

Insensibilidad

Privilegio

Tener derecho a todo

El antisocial.

Muchos rasgos de la personalidad antisocial son valorados y fomentados por sociedades competitivas. En este sentido son adaptativos.

Rasgos de la personalidad adaptativos:

- autonomía,
- autosuficiencia,
- ambición,
- competitividad,
- individualidad,
- autodeterminación.

Oldham y Morris describen a este tipo de personas como aventureros, exploradores e intrépidos, que cruzan océanos e incluso van a la Luna. Viven al límite y desafían las limitaciones. El riesgo y el descubrimiento son su recompensa. No son conformistas y tienen su propio sistema de valores, les encantan los desafíos, son persuasivos, reacios a la estabilidad y consideran que todas las personas pueden y deben cuidarse a sí mismas. De pequeños son traviesos y de adultos valientes y resilientes. Como ejemplo de personas reales se propone a Cristóbal Colón, a Edmund Hillary y Tenzing Norgay, Charles Lindbergh, Dean Beeby, etc. Sin embargo, también se puede describir una variante patológica: la personalidad antisocial discorde.

Personalidad antisocial discorde:

Estas personas:
- ◎ no son convencionales,
- ◎ hacen las cosas a su manera,
- ◎ desean arriesgarse y aceptar las consecuencias,
- ◎ no les importa cómo les juzguen los demás,
- ◎ se inclinan a relativizar las normas,
- ◎ no aceptan las limitaciones legales,
- ◎ persiguen sus objetivos y deseos a toda costa,
- ◎ no aceptan responsabilidades,
- ◎ consideran la autoridad como intervencionismo,
- ◎ piensan que ser libres implica ser asociales,
- ◎ desprecian la rutina y costumbres,
- ◎ son impulsivos,
- ◎ son irresponsables,
- ◎ son polémicos,
- ◎ son beligerantes,
- ◎ son agresivos,
- ◎ intimidan a los demás.

En el límite entre normalidad y patología encontramos a personas que nunca han tenido problemas con la ley. A pesar de que desean explotar, engañar y manipular a los demás, no manifiestan conductas crueles físicas (aunque sí pueden mostrar psicológicas) y, sin embargo, ese control premeditado les hace ser más sádicos y antisociales.

La estadística muestra a emprendedores, jefes ejecutivos, banqueros, etc. que prosperan desviándose de la ley sin llegar a la ilegalidad. Los individuos que desmiembran empresas para su beneficio particular no pueden ser consideradas completamente normales (en el sentido de padecer una patología) y, desde luego, no son altruistas. De la misma manera, muchos políticos tienen la habilidad de emplear lenguaje ambiguo, acercándose al límite del engaño y distorsionando la verdad. Estas personas mienten por omisión para no mostrar los motivos de sus acciones y también son antisociales.

No todos los antisociales son impulsivos y carecen de autocontrol.

Muchos saben contenerse para conseguir lo que desean. Ese control premeditado les hace ser más antisociales e incluso sádicos.

Suelen tener puestos de poder y saben resultar encantadores cuando quieren.

Manipulan fríamente para conseguir lo que desean.

El daño que le hacen a la sociedad no es tan evidente como el de un asesino serie, sin embargo, debido a que es habitual y común, crean una sociedad desigual e injusta. Este tipo de poder destruye más cantidad de vidas. **Por ello, cualquier teoría científica sobre los rasgos de la personalidad antisocial debe abarcar todas sus dimensiones.**

Trastorno antisocial	Estilo de la personalidad antisocial
Viola constantemente las normas sociales, mediante actividades ilegales.	Vive conforme a su propio sistema de valores y reduce las normas o leyes sociales para su propio beneficio.
Engaña, miente, manipula.	Sabe utilizar un lenguaje ambiguo para manipular.
Es impulsivo y no piensa en las consecuencias.	Es espontáneo y autocomplaciente, pero sabe que las consecuencias de sus actos pueden dañar a los demás o a él mismo.
Es irritable y agresivo.	Es asertivo y sabe esconderse tras una buena apariencia.
No le importa el peligro que sus acciones tienen sobre los demás o sobre él mismo.	Siente que es más resiliente que los demás, pero no actúa de forma imprudente o temeraria.
Es irresponsable laboral y económicamente.	Se libera de las obligaciones y lleva un estilo de vida centrado en el presente.
No tiene consciencia moral y racionaliza su conducta explotadora y manipuladora.	Su conducta es egoísta y agresiva, pero él conoce los límites morales, sociales y legales.

El **trastorno antisocial de la personalidad** (TAP) se caracteriza por un patrón de conducta, pensamiento y sentimiento de desprecio y violación de los derechos de los demás. Estas personas no se ajustan a las normas sociales, mienten o engañan a otros y actúan de forma impulsiva.

Este tipo de personalidad se puede representar como *la parte oscura de la humanidad*. Una persona con trastorno de la personalidad antisocial introduce el desorden y la discordia, es capaz de cometer los actos más destructivos, se ve envuelta en conductas violentas, agresivas y manipulativas, mientras experimenta insensibilidad e indiferencia hacia el bienestar de los demás. Desprecia las normas y provoca relaciones interpersonales y sociales destructivas.

A lo largo de la historia el trastorno de la personalidad antisocial ha sido denominado de diferentes formas: demencia, sociopatía y psicopatía. El término psicopatía hace referencia actualmente al tipo más severo de la personalidad antisocial.

La diferencia entre ambos se basa en que el trastorno antisocial comprende un diagnóstico del comportamiento que está incluido en el DSM-5 mientras la **psicopatía** describe rasgos de la personalidad tales como insensibilidad, egocentrismo y un nivel bajo de ansiedad.

El psicópata tiene rasgos narcisistas y antisociales.

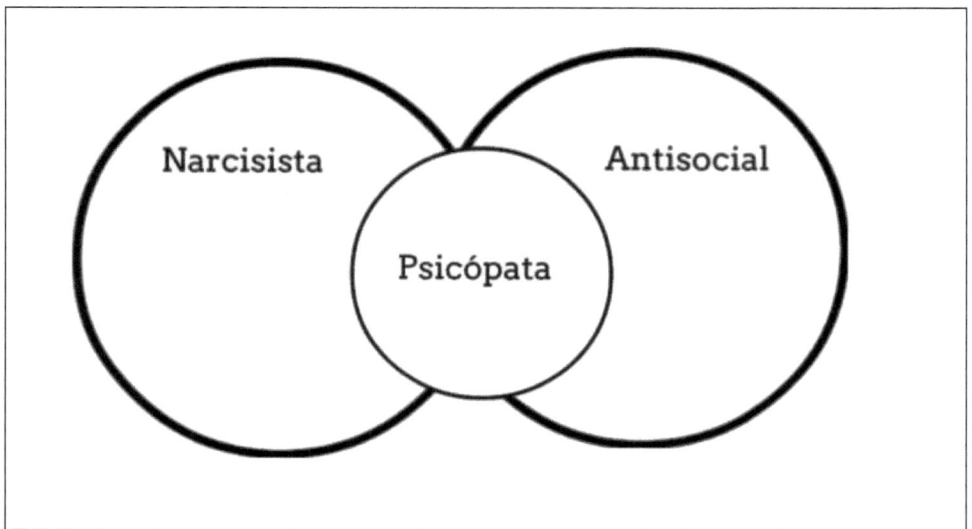

El antisocial:

- No tiene sentido de la empatía.
- No tiene sentido de la responsabilidad.
- Transgrede constantemente los derechos de los demás y carece de remordimientos.

Es ingobernable, impulsivo, irresponsable y perverso.
No respeta las normas sociales y sólo cumple aquellas que pueden beneficiarle.
Actúa sin tener en cuenta a los demás, se considera libre e independiente.

El **modelo categorial** presentado en el DSM-5 es el vigente actualmente y establece los siguientes criterios para el trastorno de la personalidad antisocial.

A. El trastorno comienza antes de los 15 años, consiste principalmente en la desconsideración y violación de los derechos de los demás y ha de cumplir 3 o más de los siguientes criterios:

Incumplimiento de las normas sociales y comportamientos legales (criterio diagnóstico 1 del DSM-5).

Uso de pseudónimos, estafa, engaño o mentira para obtener beneficios propios (criterio diagnóstico 2 del DSM-5).

Es impulsivo e incapaz de hacer planes a largo plazo (criterio diagnóstico 3 del DSM-5).

Es agresivo y se irrita con facilidad (criterio diagnóstico 4 del DSM-5).

Es temerario e indiferente a la seguridad propia y de los demás (criterio diagnóstico 5 del DSM-5).

Es irresponsable e incapaz de mantener un trabajo y cumplir con las obligaciones económicas (criterio diagnóstico 6 del DSM-5).

Es indiferente y racionaliza el daño hecho a los demás, no siendo capaz de sentir remordimiento (criterio diagnóstico 7 del DSM-5).

La personalidad antisocial patológica no evalúa sus acciones según lo correcto o incorrecto, sino que se siente libre para actuar conforme a lo que le produzca mayor satisfacción, incluso aunque implique engañar, perjudicar o dañar de forma irreparable a los demás. Como consecuencia cuando detiene esta conducta es por miedo al castigo de la sociedad.

Cuando el individuo siente que se le ha faltado el respeto responde con agresividad.

Los trastornos de la personalidad se pueden valorar desde un punto de vista dimensional, que establece grados entre la normalidad y la patología. El DSM-5 añade un modelo dimensional alternativo para futuras ediciones en la sección tercera. Los criterios diagnósticos se verán más adelante, en el apartado de la tríada oscura, por ahora revisamos las características de la personalidad antisocial.

Características de la personalidad antisocial:

Egocentrismo.
Autoestima derivada de ganancia personal,
poder o placer.
Objetivos derivados de satisfacción personal.
Ausencia de normas prosociales.
Falta de conformidad con comportamiento ético o
legal.
Falta de preocupación por los sentimientos o
necesidades de los demás.
Falta de culpa o remordimiento.
Falta de honradez y fraudulencia.
Representación errónea de sí mismo:
embellecimiento o distorsión.
Enfado persistente o frecuente.
Irritabilidad o ira.
Comportamiento cruel, desagradable o vengativo.
Involucración en actividades de riesgo.
Tendencia al aburrimiento y búsqueda de emociones.
Negación de la realidad del peligro personal.
Ausencia de pensamiento sobre consecuencias.
Impulsividad.
Falta de cumplimiento de responsabilidades y
obligaciones.

El psicópata.

El término '**psicopatía**' significa literalmente "enfermedad mental" (proviene de *psyche*, mente, y *pathos* enfermedad). En los medios de comunicación y en el uso de la lengua se utiliza este término de forma sinónima a "locura" o "enfermedad mental".

Definiciones de los términos: ①

El término 'psicopatía' significa literalmente "enfermedad mental".
Coloquialmente se usa este término como sinómino de "locura" o "enfermedad mental".

Históricamente se ha considerado que *la maldad* y *la locura* convergen en este tipo de personalidad. A veces el psicópata comete crímenes tan repugnantes moralmente, que nos hace pensar que no es posible que ese individuo no esté loco. Por ejemplo, una persona normal no puede comprender que Jeffrey Dahmer quien asesinó, violó y comió los cuerpos de muchas de sus víctimas estuviera en su sano juicio. Tampoco es comprensible el caso del doctor Herman Mudgett (Dr. H. H. Holmes) quien sedujo, mató, torturó y diseccionó a cientos de mujeres en el *Castillo* que había construido con tal fin.

Sin embargo, lo que entendemos por psicopatía se aleja de nuestra comprensión de enfermedad mental: los **psicópatas** son depredadores sociales que usan su encanto para conseguir lo que quieren, manipulan y salen adelante dejando un rastro de dolor y destrucción. Las personas cercanas se arruinarán vital y económicamente.

La **psicopatía** se caracteriza por:

1. Falta considerable de miedo o ansiedad.
2. Estilo interpersonal audaz que puede enmascarar comportamientos desadaptativos (por ejemplo, el fraude).
3. Niveles bajos de ansiedad, dominio de la afectividad negativa.
4. Distanciamiento, dominio del desapego.
5. Altos niveles de búsqueda de atención, dominio del antagonismo.

La psicopatía ha de ser entendida dentro de un continuum, en la tercera sección del DSM-5 se contempla como un subtipo del trastorno antisocial. Los rasgos principales del psicópata son: pobreza de reacción afectiva, tendencia a la mentira patológica, incapacidad para experimentar vergüenza, culpa o remordimiento y ausencia de manifestaciones neuróticas. Es decir, se contempla que la psicopatía no forma parte de un trastorno neurótico, ni psicótico.

Con respecto a si es un trastorno de la personalidad la comunidad científica difiere: si tenemos en cuenta el criterio de malestar clínicamente significativo, no lo sería; pero si nos basamos en los rasgos inflexibles y desadaptativos que causan deterioro funcional, sí se puede considerar una anomalía de la persona. El ser humano es un ser social, y, como tal, tiene la habilidad de interactuar con los otros, el psicópata puede engañar en un inicio, pero antes o después muestra la falta de empatía hacia los demás.

El psicópata es hábil ocultando sus intenciones y simulando emociones de apego y de empatía, sin embargo, se caracteriza por la tendencia hacia la manipulación, la impulsividad, la ausencia de valores del "Bien" y del "Mal", la crueldad, la irritabilidad, la promiscuidad, etc.

Además de las características psicopáticas, los especificadores de funcionamiento y los rasgos de la personalidad pueden emplearse para recoger otras características de personalidad presentes en el trastorno de la personalidad antisocial, pero que no suponen criterios necesarios para el diagnóstico, tales como los rasgos de afectividad negativa (por ejemplo, ansiedad). En este caso han de especificarse. El deterioro moderado o grave es imprescindible para el diagnóstico, pero en caso de no presentarse se hace necesario especificar el nivel exacto de funcionamiento de la personalidad.

Psicopatía =

buscan experiencias excitantes

busca el placer inmediato	repite
es impulsivo	una y otra vez
nunca queda saciado	su conducta

Cuando imaginamos a un psicópata solemos caracterizarlo como un asesino en serie, sin embargo, este tipo es un porcentaje mucho menor. La sociedad actual premia y elogia a un tipo de psicópata: el abogado, banquero, político, ejecutivo sin escrúpulos, etc. Debido a la aceptación social suelen estar en puestos de poder y ser depredadores sociales (por supuesto, no todas las personas que ocupan un cargo de poder son psicópatas). El encanto, la labia y la posición social nos impide ver el peligro que suponen, por esta razón, son muy peligrosos. Actualmente muchos están camuflados bajo los valores sociales vigentes y, de hecho, sus conductas son potenciadas, hasta el punto de que el diagnóstico pasa muchas veces desapercibido.

psicópata:

UN EJECUTIVO, ABOGADO, ETC., SIN ESCRÚPULOS:
VIOLA LAS NORMAS SOCIALES Y
DISTORSIONA LA LEY EN BENEFICIO PROPIO

No son capaces de sentir como el resto de los seres humanos, carecen de empatía y no perciben realmente el sentimiento de los demás. Sus emociones son planas, aunque saben imitarlas a la perfección. La incapacidad de identificación les hace ser egoístas y percibir a los demás como **objetos** que pueden satisfacer sus objetivos. Violan las normas sociales y las expectativas de los otros, sin sentir ni culpa ni remordimiento.

egoista
insensible
cruel
sin remordimiento
sin conciencia moral
encanto superficial
grandiosidad
mentiroso
estafador
manipulador
impulsivo
promiscuo
irresponsable
parásito social

Es importante recordar que no todos los criminales son psicópatas y no todos los psicópatas son criminales.

No todos los criminales son psicópatas y no todos los psicópatas son criminales.

La estructura de la personalidad de un psicópata es como la de *un tiburón*, muchos pueden controlar la impulsividad y hacer planes a largo plazo, suponiendo un peligro para la sociedad.

Los medios de comunicación hablan con frecuencia de psicópatas: asesinos, violadores, ladrones, estafadores, maltratadores, gánsteres, jugadores de póker, líderes de sectas, mercenarios, sicarios, miembros del crimen organizado... Así como banqueros, abogados, médicos, políticos sin escrúpulos, directores ejecutivos de empresas y millonarios. La mayor parte de ellos consiguen lo que desean sin asesinar y, por ello, son muy peligrosos debido a que es más probable que destruyan a otras personas pasando desapercibidos.

Los psicópatas no están locos según los estándares legales y psiquiátricos. Sus actos no provienen de una mente trastornada sino de una racionalidad fría y calculadora. Los demás son objetos para ellos, no seres vivos con sentimientos.

Los psicópatas no están locos, pueden tener una racionalidad fría y calculadora.

Solemos imaginar al psicópata con rasgos físicos monstruosos, sin embargo, este tipo de personas aparentan ser normales, llevan una vida corriente y, en muchos casos, son guapos. Nos resulta incomprensible entender que un ser humano aparentemente normal pueda cometer actos tan crueles y deplorables e intentamos buscar una causa en el medio: maltrato infantil, padres desapegados, traumas, carencia emocional, etc.

Pero a pesar de que muchos han tenido este tipo de infancia, no todos. La educación y el entorno no explican la causa de la psicopatía: puede un psicópata haber tenido unos padres atentos y cariñosos, que le hayan educado bajo valores éticos, y de adultos mostrar la crueldad característica de esta personalidad.

El **entorno** no puede ofrecer una explicación coherente de esta conducta y personalidad. Actualmente se afirma que la causa es **genética**, aunque aún no se han encontrados los genes responsables de la psicopatía.

> **Psicopatía:**
>
> CAUSAS:
> GENÉTICAS Y BIOLÓGICAS

Sin embargo, el **medio influye**, niños psicópatas que se crían con criminales tienen mayor tendencia a serlo, otros cuyos padres son médicos o abogados o políticos… operarán en estos contextos.

> **Psicopatía:**
>
> EL MEDIO INFLUYE

Los asesinos en serie no siempre tienen una **motivación sexual**, sin embargo, suele ser un rasgo característico en el homicidio múltiple. Se comprende por esa pulsión sexual la motivación subyacente, aquello que persigue al asesino para tener una conducta depredadora. Por ejemplo, David Berkowitz mató a parejas sin tocarlas, pero la causa fue que quería castigar a las mujeres que tenían relaciones íntimas o sexuales con cualquier hombre que no fuera él. Otro criterio establecido para categorizar a alguien como psicópata es el carácter de **compulsión**. Fantasea y es capaz de borrar el límite entre fantasía y acto. Aunque elige el momento para hacerlo (pueden pasar meses o años), pero una y otra vez cruza el límite entre pensamiento/fantasía y acto.

El psicópata no es el único que mantiene un estilo de vida dañino para los demás, pero la diferencia entre un psicópata y alguien que no lo es reside en que el primero es incapaz de sentir culpa, remordimiento y empatía.

El psicópata:
- es incapaz de sentir culpa o remordimiento,
- carece de empatía,
- necesita experiencias excitantes,
- huye de la monotonía,
- sus emociones son superficiales,
- puede ser encantador cuando quiere,
- engaña con facilidad y no suele ser detectado.

**se camuflan
con facilidad**

La psicopatía es un síndrome, un conjunto de síntomas relacionados. La conducta emocional de un psicópata es[3]:

- superficialidad,
- egocentrismo,
- falta de remordimiento y culpa,
- falta de empatía,
- manipulación,
- engaño, mentira,
- emociones superficiales.

El psicópata:
- es superficial,
- es egocéntrico,
- es manipulador,
- es antisocial,
- es irresponsable.

---

[3] *Without Conscience. The disturbing world of the psychopaths among us*; Robert D. Hare.

Conducta interpersonal basada en la emoción.	Desviación social.
Superficial	Impulsivo
Egocéntrico Grandioso	Autocontrol escaso
Falta de remordimiento o culpa	Necesidad de experiencias excitantes
Falta de empatía	Falta de responsabilidad
Manipulador Mentiroso	Problemas de comportamiento desde la niñez o adolescencia
Emociones superficiales	Comportamiento antisocial

conducta emocional:	rasgos:
superficialidad	narcisismo
egocentrismo	narcisismo
falta de remordimiento o culpa	antisocial
falta de empatía	narcisismo
engaño, manipulación	antisocial
emociones superficiales	narcisismo

comportamiento social: | **rasgos:**

comportamiento social:	rasgos:
impulsivo	antisocial
autocontrol escaso	antisocial
necesidad de experiencias excitantes	antisocial
falta de responsabilidad	antisocial
problemas de comportamiento en la niñez o adolescencia	antisocial
comportamiento antisocial	antisocial

Es superficial.

Los psicópatas suelen ser ingeniosos y elocuentes. En un inicio resultan divertidos y buenos conversadores, recreando historias convincentes para seducir a los demás y obtener un beneficio propio. Resultan agradables y atractivos, aunque para algunas personas son demasiado simples y consideran que siempre están actuando. Aparentan saber sobre arte, literatura, poesía, filosofía, sociología, medicina, psicología o derecho. Presumen de ser **expertos** en estas materias y son inmunes a que se descubra la verdad, incluso una vez demostrado seguirán mintiendo alegremente sin mostrar sentimientos de vergüenza.

Es egocéntrico y grandioso.

Los psicópatas tienen una autoestima demasiado alta y una imagen grandiosa de sí mismos. Se ven como individuos que son el centro del universo y, por tanto, tienen derecho a todo. Como seres superiores, el resto son sólo objetos a los que engañar y manipular para conseguir lo que desean (estos criterios pertenecen a la personalidad narcisista, como vimos anteriormente todos los psicópatas son narcisistas, pero no su inversa). Un psicópata cuando no cumple con la expectativa social o las normas argumentará que no se opone a ellas, sino que sigue sus propias reglas y que nunca las viola. Su grandiosidad y pomposidad suele manifestarse a la hora de ser juzgados penalmente, es habitual que despidan a sus abogados calificándoles de inútiles y que se defiendan ellos mismos (como hizo Ted Bundy perjudicándose a sí mismo). Dan la impresión de ser arrogantes, desvergonzados, fanfarrones, seguros de sí mismos, dominantes, obstinados y engreídos, aunque en un inicio resultan excitantes, encantadores y carismáticos. Las personas con rasgos dependientes pueden idealizarlos siempre y negar la realidad (por ejemplo, Carol Ann Boone defendió su inocencia fervientemente, hasta que Bundy confesó). Consideran que sus problemas son transitorios y fantasean con fama, poder y dinero. Suelen creer que un gran director de cine hará una película y/o que se escribirán cientos de libros sobre ellos.

Falta de remordimiento o culpa.

No muestran preocupación por el daño que han causado, con frecuencia hablan de forma sincera y directa sobre lo que han hecho y expresan calmadamente que no se sienten culpables ni lamentan haber causado tanto dolor. En su opinión el mundo se basa en la ley del más fuerte y, por ello, justifican y racionalizan sus conductas destructivas.

Consideran que la culpa es un mecanismo para controlar a las personas y ellos se sienten orgullosos por no sentirla. A veces expresan verbalmente remordimiento, pero pronto se contradicen. En la cárcel aprenden que deben mostrar sentimiento de culpa y de remordimiento para conseguir la libertad condicional o librarse de la pena de muerte. La falta de remordimiento o culpa se asocia a su gran habilidad para racionalizar y justificar su conducta. Incluso llegan a culpar a la víctima no haciéndose responsables de sus actos.

Falta de empatía.

A la falta de empatía le acompañan el egocentrismo, las emociones superficiales, la ausencia de remordimiento y el engaño. No son capaces de ponerse en la piel del otro ni de construir una imagen metal y emocional de los demás. No le conciernen los sentimientos de los otros. Aparentan ser máquinas incapaces de sentir, viendo a los humanos como objetos que existen únicamente para que él consiga sus deseos. Se burlan de los vulnerables y débiles y tiene una gran capacidad para distinguirlos y *cazarlos*. Perciben las relaciones como posesiones a quienes pueden torturar, mutilar o matar con la misma sensibilidad que se mata a un animal para comerlo (esto explica porque algunos son caníbales).

Tiene emociones superficiales.

Sus emociones son escasas y superficiales. Parecen personas frías e insensibles, a pesar de sus actuaciones cargadas de grandes dramas y sentimientos. No entienden qué es el miedo, porque ellos no lo sienten. Suelen asegurar que experimentan grandes y profundas emociones, sin embargo, son incapaces de describirlas adecuadamente. Confunden el amor con acoso sexual, la tristeza con frustración y el enfado con irritabilidad.

Es probable que lo único que sientan sea lujuria, codicia, odio, indignación y rabia. Algunos psiquiatras y psicólogos afirman que sólo tienen "proto-emociones": respuestas primitivas ante necesidades inmediatas.

Es manipulador, mentiroso y deshonesto.

Las características principales de los psicópatas son la mentira, el engaño y la deshonestidad. Son expertos en el arte de la manipulación y se asombran si son descubiertos. Esta capacidad les permite cometer fraudes, robar la identidad de otra persona y apropiarse de los bienes de los demás. Se sienten orgullosos de su habilidad para engañar a los demás, su exagerada autoestima los lleva a repetir el mismo ciclo una y otra vez creando nuevas mentiras cuando las anteriores no les sirven para conseguir lo que quieren. Pero el objetivo del engaño no es únicamente alcanzar sus deseos, también les produce placer (miente por placer). Es difícil que los demás sean conscientes del engaño y la manipulación, los ven como personas sensibles y honestas.

Es impulsivo.

No piensan en las ventajas o inconvenientes de una conducta, actúan impulsivamente para conseguir satisfacción, placer o consuelo inmediato. El psicópata es como un niño, inmerso en sus propias necesidades, a la búsqueda de una completa satisfacción que nunca llega[4]. **Nunca queda saciado** y repite su conducta una y otra vez para sentirse satisfecho. Los seres humanos aprenden pronto, a una temprana edad, que se deben posponer los deseos para vivir conforme a las limitaciones del entorno. Sin embargo, parece que el psicópata nunca aprende y no modifica sus deseos.

---

[4] Joan McCord.

Vive al día y cambia sus planes con frecuencia. No les importa el futuro, creyendo que todo se solucionará.

Autocontrol escaso.

Son sensibles ante las críticas y no se inhiben en la reacción. La crítica, la frustración, el fracaso y la disciplina les enfada con excesiva facilidad y reaccionan de forma agresiva.

Los arrebatos coléricos pasan rápido y en segundos pueden actuar como si nada hubiera pasado. Sin embargo, no pierden el control, a pesar de sus berrinches, saben exactamente qué están haciendo. Simplemente no les importa y justifican sus actos. No se agitan en sus comportamientos irascibles, se mantienen fríos y deciden cuánto quieren dañar a los demás. Consideran que la agresividad es una respuesta natural a la provocación.

Necesidad de experiencias excitantes.

El abuso de alcohol o drogas les permite vivir algo nuevo y excitante. Suelen cambiar de trabajo y de localidad con frecuencia buscando nuevas y excitantes experiencias. Muchos de ellos describen que sus actos criminales responden a esta necesidad de excitación. Les encanta arriesgarse y exponerse a situaciones en que pueden ser detenidos. Es un juego para ellos y siempre se consideran los más fuertes, valientes e inteligentes. Ted Bundy se escapó de la cárcel dos veces para sentir la excitación de ser perseguido. Juegan al ratón y al gato, siempre en el papel del depredador. Son incapaces de soportar la monotonía y la rutina. La emoción que supone un trabajo arriesgado tampoco les satisface y se comportan de forma irresponsable. No se puede contar con ellos, su forma de vivir es saltarse las normas y perjudicar a otros, en esto consiste la búsqueda de excitación.

Sólo les interesa vivir el momento y la ausencia de lealtad hacia los demás les hace imprevisibles.

Falta de responsabilidad.

No soportan las obligaciones y compromisos. Su forma de vivir al límite y de saltarse las normas es causa de su irresponsabilidad. Sólo se sienten vivos cuando arruinan la vida de los demás. La responsabilidad hacia otras personas la ven como una carga, como padres tendrán a sus hijos desatendidos y les expondrán continuamente a peligros, a pesar de que ellos afirman que los quieren mucho y se asombran si no se les cree. Saben hablar y son persuasivos, aseguran haber aprendido la lección y prometen no volver a cometer el crimen. Con frecuencia consiguen lo que quieren mintiendo y manipulando. Son excelentes actores cuya única motivación es hacer daño a los demás.

Problemas de comportamiento desde la niñez o adolescencia.

A temprana edad comienzan a mentir, engañar y manipular. Suelen alterar el orden y pueden robar, abusar de sustancias, ser promiscuos, violentos o acosadores. Es característico que comiencen en su infancia torturando, mutilando y matando animales, simplemente por una morbosa curiosidad y un placer maligno. El psicópata describe estos actos como inclinaciones naturales, el dolor que causa le excita. Y, a pesar, de su refinada maldad los que le conocen suelen considerarle una persona normal y agradable. Es sorprendente ver cómo le perciben sus conocidos e incluso amigos. El psicópata es camaleónico, se disfraza para conseguir lo que desea y manipula a los que le rodean.

Comportamiento antisocial.

Perciben las normas como obstáculos para sus deseos. Desde pequeños exhiben conductas antisociales, aunque sus allegados puedan calificarles de niños sensibles y esconderse de la realidad que tienen ante ellos. Un niño antisocial se convertirá en un adulto psicópata. Al psicópata le gustan las nuevas experiencias e irá descubriendo formas en las que saltarse las reglas y normas. Con frecuencia lo hacen de forma encantadora y pasan desapercibidos. La emoción consiste en improvisar nuevos comportamientos antisociales sin que los demás sepan que lo hace. Suben la escala de conducta criminal o inmoral buscando nuevas e intensas emociones. No todos terminan en la cárcel y no todos cometen actos ilegales, aunque sí no éticos y dañinos. No es de extrañar que a la larga quieran ser detenidos para que reconozcan su valía.

Narcisista vs. Antisocial.

Criterios DSM-5	Trastorno narcisista	Trastorno antisocial
Criterio 1	Grandiosidad y prepotencia.	Incumplimiento de las normas sociales, razón suficiente para arresto.
Criterio 2	Fantasías de éxito, poder, belleza, genialidad y amor ideal.	Engaño, mentira o uso de pseudónimos para beneficio personal o placer.
Criterio 3	Se cree único y especial, se relaciona sólo con personas que le beneficien.	Impulsividad o incapacidad de hacer planes a largo plazo.
Criterio 4	Necesidad de ser admirado.	Irritabilidad y agresividad.
Criterio 5	Sentimiento de privilegio, se cree con derecho a todo. Espera ser tratado con deferencia.	Temeridad e indiferencia a la seguridad propia y a la de los demás.
Criterio 6	Explota las relaciones, se aprovecha de los demás.	Irresponsabilidad
Criterio 7	No tiene empatía.	Ausencia de remordimiento, racionalizando el daño o maltrato.
Criterio 8	Es envidioso	
Criterio 9	Es arrogante.	

Narcisista vs. Antisocial:

Antisocial --> ausencia de remordimiento
indiferencia o racionalización
de los actos dañinos (herido, maltratado
o robado a alguien)

Narcisista --> carece de empatía
no está dispuesto a reconocer o
a identificarse con los sentimientos
y necesidades de los demás

Narcisista vs. Antisocial:

Antisocial --> los actos impulsivos pueden
conducir a: cometer delitos
que le lleven a la cárcel

Narcisista --> se centra en su buena
imagen social,
es menos impulsivo,
tiende a planificar

Narcisista vs. Antisocial: 1

Antisocial -->	incumplimiento de las normas sociales respecto a los comportamientos legales, que se manifiestan por actuaciones repetidas que son motivo de detención
Narcisista -->	tiene sentimientos de grandeza y prepotencia (exagera sus logros y talentos, espera ser reconocido como superior sin contar con los correspondientes éxitos)

Narcisista vs. Antisocial: 2

Antisocial -->	mentiras repetidas engaño estafa o utilización de alias para beneficio personal
Narcisista -->	absorto en fantasías de éxito, poder, brillantez, belleza o amor ideal ilimitado

Narcisista vs. Antisocial: **3**

Antisocial --> impulsividad o
fracaso para
planear con antelación

Narcisista --> se cree especial y único y solamente
pueden comprenderle o sólo puede
relacionarse con otras personas o
instituciones especiales o de alto estatus

Narcisista vs. Antisocial: **4**

Antisocial --> irritabilidad
agresividad
peleas o
agresiones físicas repetidas

Narcisista --> tiene una necesidad
excesiva de admiración

Narcisista vs. Antisocial: 5

Antisocial --> | desatención imprudente
de la seguridad
propia o
de los demás

Narcisista --> | muestra un sentimiento de
privilegio: expectativas no
razonables de tratamiento
favorable o de cumplimiento
automático de sus expectativas

Narcisista vs. Antisocial: 6

Antisocial --> | irresponsabilidad constante
incapaz de mantener un trabajo
no cumple con las
obligaciones económicas

Narcisista --> | explota las relaciones
interpersonales
se aprovecha de los demás
para sus propios fines

Narcisista vs. Antisocial: **7**

Antisocial --> | ausencia de remordimiento, indiferencia o racionalización de actos dañinos (maltratar, herir o robar)

Narcisista --> | carece de empatía no está dispuesto a reconocer o a identificarse con los sentimientos y necesidades de los demás

La línea divisoria entre un trastorno de la personalidad narcisista y antisocial es compleja. En muchas ocasiones se presentan los rasgos en un mismo individuo. El antisocial puede ser narcisista, pero no todos los antisociales son narcisistas. Y el narcisista puede ser antisocial, pero no todos los narcisistas son antisociales.

Algunos narcisistas no son antisociales

Algunos antisociales no son narcisistas

El narcisista tiende mucho al cuidado y a la imagen social, por tanto, si no está en una situación en la que cree necesario transgredir las normas sociales, no lo hará; por ejemplo, cuando puede vivir de otro (parásito emocional y/o económico). Y algunos antisociales no tienen sentimientos de grandeza o prepotencia.

Algunos narcisistas son antisociales

Algunos antisociales son narcisistas

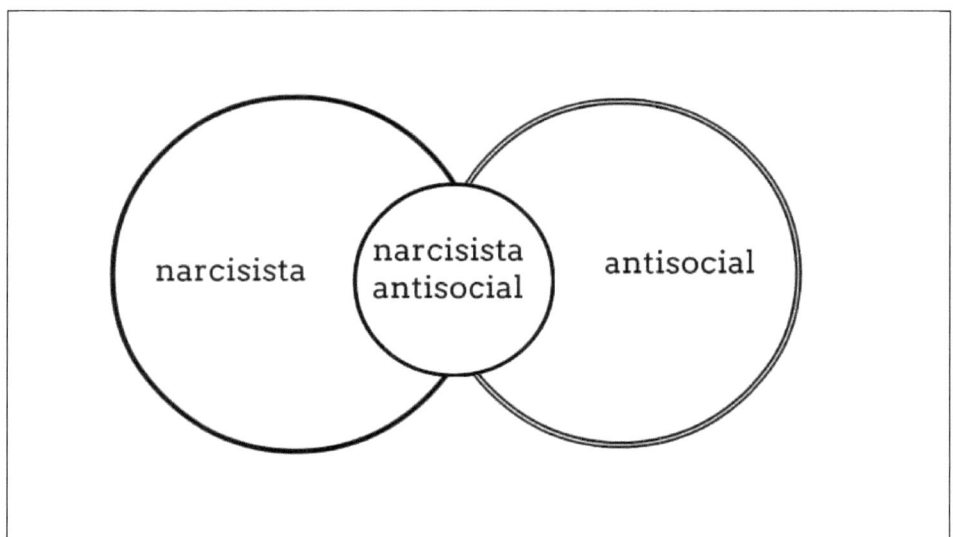

El narcisista puede ser psicópata (ausencia de miedo o culpa) y sociópata (sentir placer con el sufrimiento ajeno). La personalidad es dimensional, se establece un continuo entre un tipo y otro. Es decir, todo aquel que sea sociópata es también psicópata y narcisista. Mientras no todos los psicópatas son sociópatas, ni todos los narcisistas son psicópatas. Por ejemplo, sobre Charles Manson se dice que es antisocial, narcisista y psicópata, pero no sociópata. Él no mató directamente. Un sociópata no prescindiría del placer de matar o torturar.

Todos los sociópatas son psicópatas

Todos los psicópatas son narcisistas

Todos los sociópatas son narcisistas

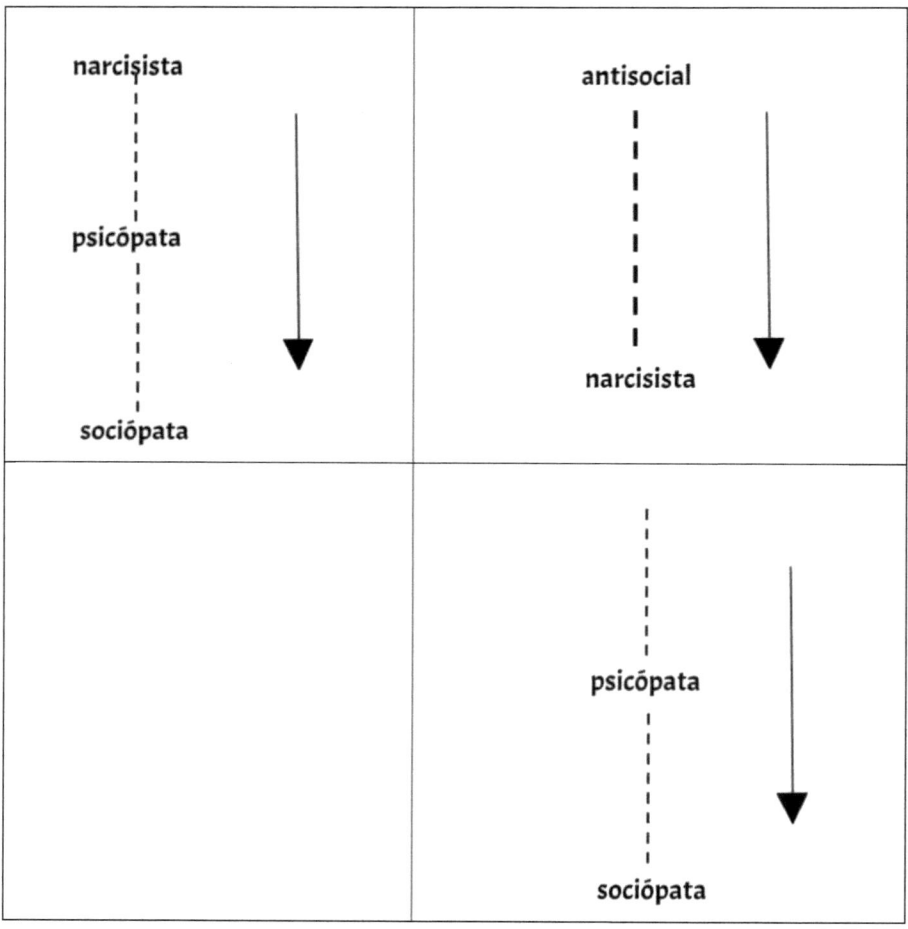

Muchos individuos antisociales son narcisistas y pueden, por tanto, tener conductas psicópatas y sociópatas.

Modelo de los Cinco Factores (MCF).

La personalidad consiste en la suma del temperamento y el carácter. El **temperamento** es una **disposición biológica** que condiciona ciertos comportamientos, mientras el **carácter** es **adquirido** como resultado de la socialización conforme a las normas sociales. Por tanto, **el temperamento está influenciado genéticamente y el carácter es el resultado de las experiencias vividas**. El término 'temperamento' se refiere al estilo de la personalidad que tenga un individuo, determinado genéticamente. El carácter se forma a lo largo de la vida, mediante el aprendizaje y está condicionado por las normas sociales. Es decir, los aspectos culturales influyen notablemente en los rasgos caracterológicos de una persona.

La **personalidad** es la suma del temperamento y el carácter, es decir, de los **factores biológicos** y **ambientales**. En psicología la personalidad se define como el patrón de emociones, pensamientos y comportamientos de un individuo que se mantienen relativamente estables y tienen un cierto grado de predictibilidad. La conducta de un individuo está causada por la integración dinámica de los factores hereditarios y biológicos (temperamento) y culturales o sociales (carácter), por tanto, los rasgos de la personalidad están determinados por la herencia (innatos) y la cultura (aprendidos) del individuo.

Lewis Goldberg creó el modelo de los cinco grandes (MCF)[5] que analiza las cinco dimensiones de la personalidad, la taxonomía se basa en lo que él denominó "OCEAN": un acrónimo de los siguientes elementos o factores:

Factor O: Openness o apertura (abierto a la experiencia).

Factor C: Conscientiousness o responsabilidad.

Factor E: Extraversion o extraversión.

Factor A: Agreeableness o amabilidad (afabilidad).

Factor N: Neuroticism o inestabilidad emocional (neuroticismo).

La **apertura** hace referencia a un tipo de personas que vive de forma poco convencional y busca nuevas experiencias. Estas personas son imaginativas, creativas, curiosas, cultas, amantes del arte y la estética y suelen ser consecuentes con sus emociones y las de los demás. La búsqueda de nuevas experiencias y conocimientos les hace adoptar una forma de vida alternativa y poco tradicional. La apertura implica un estilo cognitivo abierto a la abstracción, es frecuente en filósofos, escritores, pintores, músicos, arquitectos, etc. Pero cualquier extremo puede ser negativo, un exceso de apertura puede llevar al individuo a la búsqueda incesante de lo novedoso y excitante, escaparse de forma compulsiva de la monotonía suele implicar el olvido de la sencillez del día a día. El psicópata suele presentar un alto nivel de apertura, necesita nuevos estímulos constantemente.

---

[5] Big Five.

La **responsabilidad** o escrupulosidad es típica de las personas perfeccionistas y se caracteriza por el orden, la organización, la planificación, el detallismo, la disciplina, la meticulosidad, la puntualidad, la falta de espontaneidad, la fuerza de voluntad y el autocontrol. Este rasgo es necesario para la ejecución de tareas, suele estar implícito en científicos, ingenieros, médicos, emprendedores, abogados, militares, músicos, etc. Sin embargo, una puntuación excesiva de responsabilidad suele ser característica del trastorno obsesivo-compulsivo de la personalidad.

La **extraversión** hace referencia a la inclinación hacia el mundo exterior, la facilidad para las relaciones sociales, un carácter abierto, la necesidad de acompañamiento, la aversión a la soledad y el atrevimiento en situaciones sociales. Los demás les perciben como entusiastas, alegres, sociables, carismáticos, comunicativos, asertivos, etc. Necesitan ser el centro de atención al contrario que los introvertidos que son reservados, poco sociables, discretos y proclives a la deliberación. El introvertido se inclina hacia su mundo interior y no necesita tanta estimulación externa. Cuando la extraversión es llevada al extremo nos encontramos con un trastorno de la personalidad histriónica, que necesita constantemente de la atención de los demás o bien con una persona dependiente que no es capaz de estar sola. La introversión excesiva es característica del trastorno evitativo, estas personas se caracterizan por el miedo a ser rechazados o a que se burlen de ellos, provocando el aislamiento social.

La **amabilidad**, simpatía o afabilidad consiste en la suavidad de la conversación y el trato, la dulzura, la inclinación afectiva, la cordialidad, el respeto, la tolerancia, la humildad, la confianza en los demás, la filantropía, etc. La persona afable es empática, cooperativa, entiende afectivamente las emociones de los demás por lo que puede interpretar la realidad desde diferentes puntos de vista y ser tolerante con personas de otras creencias, valores o culturas. Su opuesto es la persona ególatra, egoísta, que sólo vela por sus intereses, no confía en nadie, es suspicaz, competitiva y su forma de expresarse es directa, violenta y algunas veces peyorativa. Cuando el grado de amabilidad es demasiado alto puede ser perjudicial para el individuo si se relaciona con personas narcisistas, límites o antisociales que aprovecharán para manipularle. Y cuando es demasiado bajo suele derivar en un trastorno paranoide de la personalidad.

El **neuroticismo** o la inestabilidad emocional expresa la tendencia a experimentar emociones negativas, como ansiedad, miedo, desesperación, desasosiego, tristeza, ira, culpa y sentimiento de inferioridad. Es característico de las personas que interpretan las situaciones como si fueran irresolubles, inquietantes, preocupantes, de tal forma que el mundo es para ellos cruel, hostil, amenazante y despiadado. Eysenck describió este rasgo como una baja tolerancia a estímulos externos; en su opinión, las personas con un alto neuroticismo son proclives a sufrir depresión y ansiedad. La hipersensiblidad ante el mundo externo les hace reaccionar de forma vulnerable creando un círculo vicioso y desadaptativo. Su opuesto sería el optimismo, el sosiego, la calma, la resiliencia y la estabilidad.

Sin embargo, una puntuación demasiado baja de neuroticismo puede desembocar en la temeridad, en la ausencia de miedo o de culpa característica del trastorno antisocial y de la psicopatía.

El MCF (Costa y McCrae[6]) se presenta como alternativa al modelo categorial tradicional. La **personalidad** está constituida por **rasgos en un continuo** que señalan la diferencia entre una personalidad normal y una patológica. Se examina mediante las dimensiones de los Cinco Grandes Factores las diez categorías de los trastornos de la personalidad del DSM-IV-R para evaluar si estos son variantes extremas desadaptativas de la personalidad. Widiger, Costa y McCrae (2002) elaboraron un procedimiento de cuatro pasos como propuesta para hacer el diagnóstico de los TTPP:

1. Se describe la personalidad del sujeto en función de los rasgos y facetas del modelo de los Cinco Grandes mediante un instrumento de evaluación (normalmente el NEO PI-R de Costa y McCrae, 1990).

2. Se identifican los problemas o el deterioro del individuo especialmente en las áreas sociales y laborales asociando los niveles extremos de puntuación en cada una de las facetas.

3. Se determina el deterioro del sujeto mediante las puntuaciones extremas para observar si este alcanza un grado clínicamente significativo para poder diagnosticar un trastorno de la personalidad.

4. Se compara cuantitativamente el perfil de la personalidad obtenido con el MCF con los criterios que se utilizan en el DSM.

---

[6] Costa y McCrae, 1990, 1999, 2003.

Los **rasgos** describen el temperamento y el carácter estableciendo las diferencias individuales, son las **facetas** que se presentan de forma continuada y estable. Los rasgos y conductas se clasifican mediante cinco dominios establecidos en función de sus polos opuestos:

1. Neuroticismo – Estabilidad emocional.
2. Extraversión – Introversión.
3. Amabilidad – Oposicionismo.
4. Responsabilidad – Negligencia.
5. Apertura a la experiencia- Convencionalismo.

El MCF establece que la causa de una personalidad desadaptada se debe a la interacción entre las facetas y los acontecimientos vitales, así como a las características ambientales. Es decir, que los rasgos en sí mismos no producen patología.

Desadaptación:

- Factores y facetas.
- Acontecimientos vitales y características ambientales.

Cada factor está compuesto por seis rasgos que se definen mediante adjetivos:

Neuroticismo.

Ansiedad	ansioso, temeroso, preocupado, tenso
Hostilidad	irritable, impaciente, malhumorado
Depresión	pesimista, preocupado, triste, malhumorado
Inseguridad	tímido, inhibido, desconfianza en sí mismo
Impulsividad	egocentrista, excitable, precipitado, vivaz
Vulnerabilidad	desconfiando, ansioso, ineficiente

Extraversión.

Calidez	cálido, sociable, cercano, amigable
Gregarismo	sociable, extravertido, hablador
Asertividad	asertivo, enérgico, agresivo, confiado
Actividad	apresurado, enérgico, rápido, activo
Búsqueda de excitación	aventurero, vivo, osado, búsqueda de placer
Emociones positivas	optimista, alegre, gracioso, entusiasta

Abierto a la experiencia.

Fantasía	imaginativo, soñador, complicado, artista
Estética	idealista, original, artista, creativo
Sentimientos	cariñoso, introspectivo, espontáneo, excitable
Acciones	polifacético, imaginativo, aventurero
Ideas	original, perspicaz, inventivo, curioso
Valores	presumido, coqueto, no acomodadizo, no convencional

Amabilidad.

Confianza	confiado, misericordioso, incauto, ingenuo, cándido
Franqueza	sincero, ingenuo, no exigente, no encantador
Altruismo	generoso, altruista, amable, tierno
Conformismo	paciente, no exigente, dócil, condescendiente
Modestia	no seguro de sí mismo, reconciliador, no ingenioso
Comprensión	tierno, cálido, amable, compasivo

Escrupulosidad (tesón).

Competencia	competente, eficaz, inteligente, eficiente
Orden	organizado, metódico, concienzudo, riguroso
Sentido del deber	concienzudo, diligente, cuidadoso, trabajador
Orientación al logro	ambicioso, trabajador, persistente, eficiente, enérgico, con iniciativa
Autodisciplina	enérgico, organizado, trabajador, ordenado
Deliberación	centrado, cuidadoso, maduro, reflexivo, prudente, pausado

Los cinco dominios presentan la patología psicológica. La mayor parte de los trastornos de la personalidad se describen en términos de más de un dominio. Por ejemplo, el trastorno de la personalidad límite se puede describir bajo varios dominios: neuroticismo y desinhibición; el antisocial: antagonismo y desinhibición; el dependiente: amabilidad y neuroticismo; etc. Las dimensiones del MCF se relacionan con los trastornos de la personalidad propuestos en el DSM-III-R y en la CIE-10 (Duijsens, I. J., & Diekstra, R. F. W., 1996). Por tanto, este modelo puede ser utilizado para la clasificación de los trastornos de la personalidad, eliminando la desventaja de la alta comorbilidad entre ellos que ocasionaba el modelo categorial.

Modelo de los Cinco Factores propuestos para el **DSM** (Widiger y Mullin-Sweatt, 2009):

Neuroticismo:

Alto neuroticismo:

- desregulación emocional,

- hostilidad, ira,

- depresión,

- preocupación por identidad,

- ansiedad,

- vulnerabilidad.

Bajo neuroticismo:

- insincero,

- se cree invencible.

Extraversión:

Alta extraversión:

- temerario,

- búsqueda de sensaciones,

- apegos intensos.

Baja extraversión:

- retirada social,

- anhedonia.

Apertura:

Alta apertura:

- aberraciones

  cognitivo-perceptivas.

Baja apertura:

- intolerantes,

- ideas fijas,

- alexitimia.

Afabilidad:

Alta afabilidad:

- auto-despreocupación,

- docilidad.

Baja afabilidad:

- agresividad,

- arrogancia,

- manipulación,

- desconfianza.

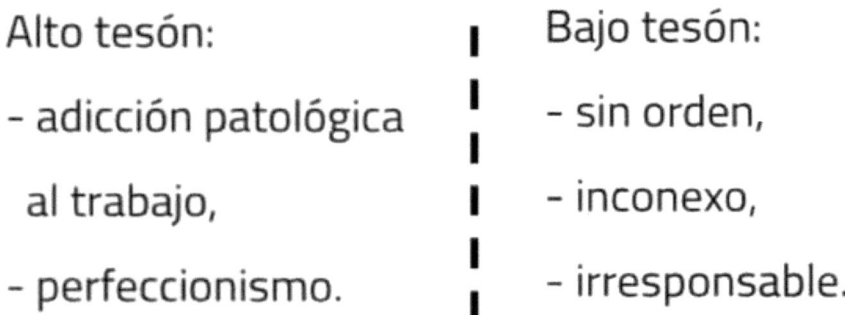

Belloch (2010b) señala que el MCF aporta una descripción de en qué consiste la patología de un sujeto, además permite establecer un modelo dimensional de la personalidad en función de normalidad-psicopatología.

Descripción de la estructura de la personalidad en función de las dimensiones de neuroticismo y extraversión (Widiger y Mullins-Sweatt, 2009):

Niveles de **neuroticismo** en los trastornos de la personalidad:

	Ansiedad	Hostilidad	Depresión
Paranoide		Alto	
Esquizoide			
Esquizotípico	Alto		
Antisocial	Bajo	Alto	
Límite	Alto	Alto	Alto
Narcisista		Alto	
Histriónico			
Evitativo	Alto		
Dependiente	Alto		Alto
Obsesivo-compulsivo	Alto		

	Ansiedad social	Impulsividad	Vulnerabilidad
Paranoide			
Esquizoide			
Esquizotípico	Alto		
Antisocial	Bajo	Alto	Bajo
Límite	Alto	Alto	Alto
Narcisista	Bajo		
Histriónico	Bajo	Alto	
Evitativo	Alto		Alto
Dependiente	Alto		Alto
Obsesivo-compulsivo		Bajo	

Niveles de **extraversión** en los trastornos de la personalidad:

	Calidez	Gregarismo	Asertividad
Paranoide	Bajo	Bajo	
Esquizoide	Bajo	Bajo	
Esquizotípico	Bajo	Bajo	
Antisocial		Alto	Alto
Límite			
Narcisista	Bajo		Alto
Histriónico	Alto	Alto	
Evitativo		Bajo	Bajo
Dependiente	Alto	Alto	Bajo
Obsesivo-compulsivo			

	Actividad	Búsqueda de excitación	Emociones +
Paranoide			
Esquizoide	Bajo	Bajo	Bajo
Esquizotípico			Bajo
Antisocial		Bajo	
Límite			
Narcisista		Alto	
Histriónico	Alto	Alto	Alto
Evitativo		Bajo	
Dependiente			
Obsesivo-compulsivo		Bajo	

Neuroticismo – Estabilidad emocional.

El dominio de la afectividad negativa y neuroticismo se representan a individuos ansiosos, negativos, depresivos, irascibles, lábiles, desolados, vulnerables y conscientes de sí mismos, frente a aquellos que son invulnerables, calmados, embaucadores y seguros de sí mismos.

Rasgos patológicos bajos.	Rasgos normales.	Rasgos patológicos altos.
	Conciencia de sí mismo. Bienestar. Autoaceptación. Optimismo.	
Expresividad restringida. Introspección. Ansiedad.		Labilidad afectiva. Ansiedad. Apego inseguro. Evitación social. Retraimiento. Autolesiones. Problemas de identidad. Miedo a la incertidumbre. Preocupación anticipatoria.

Extraversión – Introversión.

La extraversión incluye los dominios de sociabilidad, actividad y emocionalidad positiva; mientras que la introversión de inhibición, repliegue y emocionalidad negativa. El contraste entre ambos rasgos de la personalidad destaca un patrón de conducta gregario, asertivo, activo y hablador; frente al carácter que responde con aislamiento, repliegue, introversión y anhedonia.

Rasgos patológicos bajos.	Rasgos normales.	Rasgos patológicos altos.
	Asertividad. Actividad. Optimismo. Emocionalidad positiva. Gregarismo. Cercanía social. Bienestar. Apego seguro.	
Evitación social. Intimidad. Expresividad restringida.		Búsqueda de estímulos.
Desapego.		Exhibicionismo. Sentimiento y actitud de merecer todo.
Orientación esquizoide.		Sexualización histriónica.
Timidez.		Extravagancia.

Amabilidad – Oposicionismo.

El oposicionismo incluye rasgos disociales, de baja cooperación, de hostilidad y de agresividad. El contraste de estas dimensiones aparece en conductas o bien suspicaces, agresivas, arrogantes, oposicionistas, insensibles y manipuladoras; o sinceras, modestas, complacientes, amables, diligentes, empáticas y dependientes.

Rasgos patológicos bajos.	Rasgos normales.	Rasgos patológicos altos.
Apego inseguro. Retraimiento.		Suspicacia. Insensibilidad. Rechazo. Narcisismo. Oposicionismo pasivo.
Dependencia.	Cercanía social. Cooperación. Compasión. Empatía. Apego. Aceptación social.	Desconfianza. Manipulación. Agresión. Alienación.
Dependencia. Sumisión.		Narcisismo. Psicopatía. Suspicacia. Agresividad. Insensibilidad.

Responsabilidad – Negligencia.

El individuo responsable, disciplinado, cumplidor, adicto al trabajo, orientado a metas y deliberante contrasta con el irresponsable, impulsivo, negligente, hedonista y laxo en valores.

La excesiva responsabilidad conlleva compulsividad, evitación del daño y aspectos de oposicionismo

Rasgos patológicos bajos.	Rasgos normales.	Rasgos patológicos altos.
Impulsividad. Búsqueda de riesgo. Irresponsabilidad.	Orden. Disciplina. Competencia. Deliberación. Cumplimiento del deber. Evitación del daño. Logro de metas.	Compulsividad. Adicción al trabajo.
Infantilismo.	Responsabilidad. Ambición. Determinación. Tenaz.	Obsesión. Perfeccionismo.

Apertura a la experiencia- Convencionalismo.

La mayor parte de los estudios muestran que el factor de apertura no está significativamente relacionado con los trastornos de la personalidad, de hecho, algunos establecen que este factor no aparece relacionado con ningún trastorno de la personalidad[7] .

El DSM-5 en la sección III propone un modelo dimensional y valora 5 dimensiones o dominios generales de la personalidad y 25 dimensiones específicas (facetas-rasgos) que son las variantes desadaptativas de los Cinco Grandes Factores de Personalidad (MCF).

Los rasgos de personalidad patológica comprenden los dominios:

- Afectividad negativa.
- Desapego.
- Antagonismo.
- Desinhibición.
- Psicoticismo.

Estos rasgos son las variantes desadaptativas de los 5 dominios del MCF y comprenden 25 facetas:

[7] Álvarez, R.; López, C.; & Pérez, C. (2011).

Afectividad negativa:

1. Labilidad emocional.
2. Ansiedad.
3. Ansiedad por separación.
4. Perseveración.
5. Sumisión.

El individuo experimenta emociones negativas de forma intensa y frecuente, provocándole sentimientos de ira, preocupación, vergüenza, culpa y ansiedad.

La afectividad negativa se caracteriza por experiencias de gama negativa y comportamientos acordes con ellas, por ejemplo, dependencia de los demás, autoengaño, etc.

Desapego:

6. Afectividad restringida.
7. Depresividad.
8. Suspicacia.
9. Retraimiento.
10. Anhedonia.
11. Evitación de la intimidad.

El individuo evita relacionarse con los demás, tanto en relaciones íntimas, sociales y causales.

El desapego se caracteriza por la evitación de las relaciones interpersonales, restricción de la experiencia y una pobre expresión de afectos.

Antagonismo:

12. Manipulación.
13. Deshonestidad.
14. Grandiosidad.
15. Búsqueda de atención.
16. Insensibilidad.
17. Hostilidad.

El individuo mantiene conductas conflictivas con los demás, siente que merece un trato especial y carece de empatía, manipulando y utilizando a otros cuando lo ve conveniente. El antagonismo se caracteriza por comportamientos que las personas realizan para obtener beneficios de los demás.

Desinhibición.

18. Irresponsabilidad.
19. Impulsividad.
20. Distractibilidad.
21. Temeridad.
22. Rigidez perfeccionista.

El individuo se orienta hacia la satisfacción inmediata manteniendo conductas impulsivas sin tener en cuenta las consecuencias. La desinhibición se caracteriza por el anhelo de estimulación externa presente sin tener en cuenta el aprendizaje a partir de experiencias pasadas.

Psicoticismo.

23. Creencias inusuales.

24. Excentricidad.

25. Desregulación cognitiva y perceptiva.

El individuo percibe, piensa y actúa en función de experiencias incongruentes, excéntricas y extrañas. La percepción, el pensamiento, la cognición y las creencias son inusuales desde un punto de vista cultural. El psicoticismo se caracteriza por cogniciones y comportamientos excéntricos y extraños.

La siguiente tabla contiene las agrupaciones de rasgos desadaptativos por dominio, así como su opuesto: el rasgo de la personalidad normal.

Dominios	MCF	Rasgos
Afectividad negativa	Neuroticismo	Inestabilidad. Perseveración. Ansiedad por separación. Ansiedad. Sumisión. Depresión. Afectividad. Restringida. Hostilidad.
Desapego	Extraversión	Aislamiento Anhedonia. Depresión. Evitación de la intimidad. Afectividad restringida. Desconfianza.
Antagonismo	Amabilidad	Grandiosidad. Búsqueda de atención. Insensibilidad. Engaño. Manipulación. Hostilidad.
Desinhibición	Responsabilidad	Irresponsabilidad. Impulsividad. Temeridad. Disipación.
Psicoticismo	Apertura	Excentricidad. Desregulación perceptual y cognitiva. Creencias extrañas.

La tríada oscura.

El término 'oscuro' en el uso habitual de la lengua significa malo o maligno, sin embargo, en psicología sirve para describir el **antagonismo**; en el sentido de rivalidad, oposicionismo y negacionismo. Delroy Paulhus y Kevin M. Williams acuñaron la denominación "la tríada oscura", en 2002, para describir tres rasgos que compartían un *núcleo oscuro*: bajo en amabilidad y falta de empatía. Estos tres rasgos son:

- Narcisismo grandioso.
- Psicopatía.
- Maquiavelismo.

Los tres constructos son en sí mismos diferentes, pero superpuestos definen un tipo de personalidad. Según el modelo de los cinco factores este tipo presenta alteraciones en la **apertura** a la experiencia, en la **extroversión** y en el **neuroticismo**. Tiene, además, tendencia al antagonismo que implica una **baja amabilidad**, conflictos interpersonales, egocentrismo, hostilidad y antipatía. El encanto que puede mostrar es un medio para conseguir sus objetivos, su afabilidad es falsa y superficial.

Desde un punto de vista psicológico "la tríada oscura" hace referencia a un individuo psicópata, es decir, a una persona que reúne las características de las personalidades narcisista y antisocial. Este sujeto se caracteriza por la ausencia de empatía afectiva, es decir, la capacidad de estar en sintonía con las emociones de los demás. Sin embargo, sí puede tener empatía cognitiva, es decir, que sí es capaz de reconocer y entender intelectualmente las emociones ajenas. Como no es capaz de experimentar lo que otros sienten, no tiene las habilidades que caracterizan a los seres sociales: solidaridad, compasión y altruismo. En este sentido los rasgos se consideran patológicos, debido a que no son flexibles y/o adaptativos. Si tenemos en cuenta que la empatía cognitiva tiene un nivel alto y la afectiva un nivel bajo, entendemos que estos individuos son capaces de reconocer las emociones de los otros, pero no sentirlas. Este factor les hace ser muy peligrosos, porque controlarán y manipularán a los demás a su antojo; siendo capaces de fingir cualquier tipo de emoción cuando les conviene y engañar fácilmente. Muchas personas no manifiestan signos de este tipo de personalidad y debido a que estos rasgos se presentan de forma subclínica no son detectados.

Peter Jonason describe este tipo de personalidad en altos cargos ejecutivos, en personas que abusan de sustancias y en aquellas cuyas relaciones afectivas son inestables y tienden a la promiscuidad.

Las facetas narcisistas características de la tríada oscura recogen los rasgos de grandiosidad, arrogancia, exhibicionismo, dominancia y explotación ajena, mientras los rasgos de timidez, introversión, inestabilidad anímica, autocrítica excesiva y desconfianza en los demás están asociados con un tipo de tríada vulnerable.

Algunos investigadores señalan que el maquiavelismo es el eje central de esta personalidad, debido a la impulsividad que caracteriza al trastorno antisocial; otros consideran que el maquiavelismo es un rasgo del psicópata, mientras un tercer grupo se inclina a eliminar el rasgo del maquiavelismo, argumentado que la práctica clínica muestra únicamente al narcisista maligno. Desde un punto de vista dimensional se pueden establecer niveles o rangos de este tipo de personalidad, en el sentido de que los rasgos se distribuyen dentro de un continuo de intensidad y/o gravedad en la población general, manifestándose desde leves o atenuadas, como tipo antisocial o narcisista a graves e intensas que recogen el constructo de la tríada oscura.

Con este modelo se pueden describir diferentes niveles de la personalidad según tengan un mayor o menor nivel de ciertos rasgos.

- **Narcisismo:**
  o arrogante,
  o sentimiento de tener derecho a todo (privilegio),
  o sentimiento de superioridad.
- **Maquiavelismo:**
  o egoísta,
  o manipulador,
  o dominante.
- **Psicopatía:**
  o impulsivo,
  o sin remordimiento,
  o emocionalmente frío.

La superposición de los rasgos de la tríada corresponde a un tipo de persona con una alta autoestima, autocomplacencia, que es frío, manipulador o cruel y está dispuesto a decir o hacer cualquier cosa para *salirse con la suya*. La psicopatía y el narcisismo comparten la falta de empatía, el antagonismo y un bajo nivel de amabilidad. La diferencia reside en que los psicópatas son menos egocéntricos y no necesitan que les admiren, pero son trastornos muy similares, de hecho, algunos psicólogos afirman que el narcisismo es un tipo de psicopatía.

El DSM-5 no recoge un trastorno de la psicopatía, este se considera incluido en el trastorno de la personalidad narcisista y antisocial. El maquiavelismo, término procedente de Nicholas Maquiavelo en su libro *El Príncipe*, describe a una persona fría, calculadora y manipuladora. En un principio designaba una figura de poder fuerte y decidida, capaz de hacer cualquier cosa, para conseguir lo que se proponía. La expresión "el fin justifica los medios" simboliza este comportamiento.

Actualmente "maquiavelismo" ha perdido su significado inicial y denota únicamente los rasgos de egoísmo, frialdad y manipulación. Algunos psicólogos añaden a la Tríada Oscura el rasgo de sadismo, mientras el narcisista daña a los demás para lograr sus objetivos, el sádico siente placer haciendo daño a otros seres vivos. Cuando el sadismo se mezcla con el narcisismo, que combina el egotismo con el deseo de dañar a los demás, se crea una personalidad peligrosa: el **narcisista maligno**. Eric Fromm utilizó por primera vez este término en 1964 denominándolo "la quintaesencia del mal". Aunque el narcisismo no siempre está vinculado a actos criminales y no todos los criminales son narcisistas.

El modelo dimensional alternativo del DSM-5 (sección III) caracteriza la tríada oscura en función del **trastorno antisocial de la personalidad** según los siguientes rasgos:

- manipulación,
- insensibilidad,
- engaño,
- hostilidad,
- temeridad,
- impulsividad,
- irresponsabilidad.

Manipulación	Maquiavelismo Narcisismo Psicopatía
Insensibilidad	Maquiavelismo Narcisismo Psicopatía Sadismo
Engaño	Maquiavelismo Narcisismo Psicopatía
Hostilidad	Maquiavelismo Narcisismo Psicopatía Sadismo
Temeridad	Maquiavelismo Narcisismo Psicopatía
Impulsividad	Narcisismo Psicopatía Sadismo
Irresponsabilidad	Narcisismo Psicopatía

En la triada oscura se presenta el narcisismo y la psicopatía en todos sus rasgos, el maquiavelismo no cumple los criterios de impulsividad e irresponsabilidad y el sadismo está presente únicamente en la insensibilidad, la hostilidad y la impulsividad.

Las características principales son:

- Falta de comportamiento ético e inconformidad con la legalidad.

- Falta de preocupación por los demás, siendo cruel y egocéntrico.

- Irresponsabilidad, engaño y manipulación.

- Comportamientos de riesgo.

Las dificultades se manifiestan en:

1   La identidad.

2   La autodirección.

3   La empatía y/o la intimidad.

4   Antagonismo y desinhibición.

Los **criterios diagnósticos**, desde un punto de vista dimensional, del **trastorno antisocial de la personalidad** son:

A. Deterioro moderado o grave en el funcionamiento de la personalidad, manifestado por dos o más de las siguientes áreas:

1 **Identidad**: autoestima derivada de la ganancia personal, del placer o del poder. Egocentrismo.

2 **Autodirección**: ausencia de normas internas prosociales y disconformidad con conductas éticas o legales, establecimiento de objetivos y metas en función de la satisfacción personal.

3 **Empatía**: falta de preocupación por los sentimientos, sufrimiento o necesidades de los demás, ausencia de remordimientos por las propias conductas que han ocasionado dolor, herida o maltrato a otras personas.

4 **Intimidad**: relación con los demás con el objetivo de explotar mediante el engaño, la coacción, la intimidación o el abuso de poder, generando una incapacidad para establecer relaciones íntimas mutuas.

B Han de estar presentes seis o más de los rasgos siguientes de la personalidad patológicos:

1. Manipulación (aspecto del antagonismo): uso frecuente de subterfugios para influir, manipular o controlar a los demás. Empleo de la seducción, el encanto, la labia o congraciarse con otros para conseguir sus fines.

2. Insensibilidad (aspecto de antagonismo): falta de preocupación por los problemas y sentimientos de los demás, ausencia de remordimiento o culpa por las consecuencias de los propios actos (sadismo, agresión).

3. Engaño (aspecto de antagonismo): falta de honradez, falsedad y embuste. Representación de sí mismo hacia los demás errónea: embellecimiento o distorsión.

4. Hostilidad (aspecto de antagonismo): enfado frecuente o persistente, irritabilidad, comportamiento desagradable, vengativo o cruel.

5. Asunción de riesgos (aspecto de desinhibición): participación en situaciones de riesgo, dañinas o peligrosas sin tener en cuenta las consecuencias. Tendencia al aburrimiento y búsqueda de nuevas emociones de forma irreflexiva para escaparse de este. Negación del peligro y despreocupación por las limitaciones.

6. Impulsividad (aspecto de desinhibición): dejarse llevar por estímulos inmediatos, teniendo comportamientos ausentes de reflexión o de un plan, sin pensar en las consecuencias o sin importarle negando la realidad.

7. Irresponsabilidad (aspecto de desinhibición): falta de cumplimiento de las obligaciones y desinterés de los compromisos económicos o de otro tipo. Falta de respeto y de cumplimiento de promesas y acuerdos.

Otra variante del trastorno de la personalidad antisocial se denomina **psicopatía** o psicopatía primaria.

La psicopatía se caracteriza por:

Falta considerable de miedo o ansiedad.

Estilo interpersonal audaz que puede enmascarar comportamientos desadaptativos (por ejemplo, el fraude).

Niveles bajos de ansiedad, dominio de la afectividad negativa.

Distanciamiento, dominio del desapego.

Altos niveles de búsqueda de atención, dominio del antagonismo.

El psicópata tiene un estilo social dominante y asertivo conformados por la alta búsqueda de atención y el bajo distanciamiento. Además, el nivel bajo de ansiedad conforma la capacidad de inmunidad al estrés: estabilidad emocional/ resiliencia. Además de las características psicopáticas, los especificadores de funcionamiento y los rasgos de la personalidad pueden emplearse para recoger otras características de personalidad presentes en el trastorno de la personalidad antisocial, pero que no suponen criterios necesarios para el diagnóstico, tales como los rasgos de afectividad negativa (por ejemplo, ansiedad). En este caso han de especificarse. El deterioro moderado o grave es imprescindible para el diagnóstico, pero en caso de no presentarse se hace necesario especificar el nivel exacto de funcionamiento de la personalidad.

RASGOS DE LA PERSONALIDAD ANTISOCIAL:

manipulación
insensibilidad
engaño
hostilidad
asunción de riesgos
impulsividad
irresponsabilidad

MODELO DIMENSIONAL ALTERNATIVO DSM-5, SECCIÓN III.

VARIANTE DE LA PERSONALIDAD ANTISOCIAL: PSICOPATÍA.

falta de:
ansiedad o miedo
audacidad,
comportamientos desadaptativos,

dominio de:
la afectividad negativa
del desapego
antagonismo
búsqueda de atención

MODELO DIMENSIONAL ALTERNATIVO DSM-5, SECCIÓN III.

CARACTERÍSTICAS DE LA PERSONALIDAD ANTISOCIAL:

Egocentrismo.
Autoestima derivada de ganancia personal,
poder o placer.
Objetivos derivados de satisfacción personal.
Ausencia de normas prosociales.
Falta de conformidad con
comportamientos éticos o legales.

MODELO DIMENSIONAL
ALTERNATIVO
DSM-5,
SECCIÓN III.

CARACTERÍSTICAS DE LA PERSONALIDAD ANTISOCIAL:

Falta de preocupación por
los sentimientos o
necesidades de los demás.
Falta de culpa o remordimiento.
Falta de honradez y fraudulencia.

CARACTERÍSTICAS DE LA PERSONALIDAD ANTISOCIAL:

Representación errónea de sí mismo: embellecimiento o distorsión.
Enfado persistente o frecuente.
Irritabilidad o ira.
Comportamiento cruel, desagradable o vengativo.

La tríada oscura vulnerable.

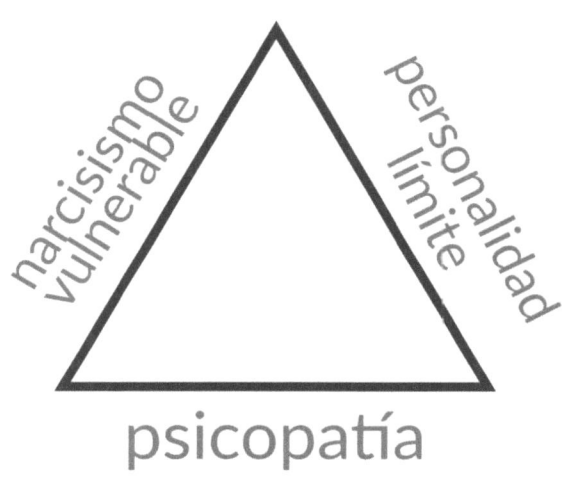

W. Keith Campbell y Josh Miller estudiaron la tríada oscura vulnerable como reflejo inverso de la tríada oscura del narcisista grandioso. Miller se ha mostrado crítico con la tríada oscura por su excesiva simplificación y presenta una personalidad que interactúa de forma más compleja. La tríada oscura vulnerable se relaciona con los rasgos de antagonismo y neuroticismo, e incluye:

- el narcisismo vulnerable,

- la personalidad límite y

- la psicopatía.

Este tipo de personas percibe el mundo como hostil y amenazante, es desconfiado y tiene problemas en la regulación del estado de ánimo -especialmente, ansiedad y hostilidad-.

La personalidad límite pertenece al trastorno límite de la personalidad, se caracteriza por inestabilidad en el estado de ánimo y en las relaciones. Una persona límite puede amar a alguien profundamente y despreciarlo alternativamente. Estas personas tienen dificultades en la regulación del estado de ánimo, especialmente con la tristeza, el miedo y la pérdida. Suelen encontrarse en situaciones depresivas, tomando decisiones que le dirigen a círculos viciosos que le impiden acceder a estados de ánimo positivos. Como consecuencia, pueden hacer mucho daño a los demás y a sí mismos.

La psicopatía representa una versión impulsiva y emocional. No hay rasgos de ambición. Se puede ejemplificar en un empleado marginado, que sobrevive aprovechándose de otras personas.

El narcisismo vulnerable se relaciona con tendencias religiosas fundamentalistas y, además, con crímenes impulsivos (robo, hurto, tráfico de drogas...).

Bibliografía.

Manual Diagnóstico y Estadístico de los Trastornos Mentales. DSM-5.

Manual Diagnóstico y Estadístico de los Trastornos Mentales. DSM- IV.

Manual Diagnóstico y Estadístico de los Trastornos Mentales. DSM- IV-TR.

Clasificación Internacional de las Enfermedades. CIE-10.

Sinopsis de psiquiatría; Kaplan & Sadock.

Introducción a la psicopatología y la psiquiatría; Julio Vallejo Ruiloba.

Medicalizar la mente; Richard Bentall.

¿Crees que estás loco? Piénsalo dos veces; Richard Bentall et al.

Suspicious minds: how culture shape madness; Joel Gold & Ian Gold.

Conexiones perdidas; Johann Hari.

Vulnerabilidad y enfermedad mental: la imprescindible subjetividad en psiquiatría; Ignacio Boné Pina.

Social psychiatry; Joseph Zubin & Fritz A. Freyhan.

"Vulnerability, a new view of Schizophrenia"; Joseph Zubin. Journal of Abnormal Psychology.

Trastornos de la personalidad en la vida moderna; Theodore Millon.

Disorders of Personality: Introducing a DSM / ICD Spectrum from Normal to Abnormal; Theodore Millon.

New personality self-portrait; John Oldham & L. B. Morris.

Perfectionism: Theory, Research, and Treatment: Theory, Research and Treatment; Gordon L. Flett & Paul L. Hewitt.

Perfectionism: A Relational Approach to Conceptualization, Assessment, and Treatment. Paul L. Hewitt & Gordon L. Flett.

Manual de trastornos de la personalidad. Descripción, evaluación y tratamiento: V. E. Caballo.

La presentación de la persona en la vida cotidiana; Erving Goffman.

Personality Disorders; ira Turkat.

Introducción a la personalidad; E. Jerry Phares.

Clinical Psychology: Concepts, Methods and Profession; E. Jerry Phares.

Cognitive Therapy of Personality Disorders; Aaron T. Beck.

The Multidimensional structure of perfectionism in clinically distressed and college student examples. Psychology Assessment; B. J. Cox & M. W. Ens.

Personality Psychology: Domains of Knowledge about Human Nature; Randy Larsen, David Buss.

Personality and Psychopathology; C. Robert Cloninger.

Personality Psychology: Domains of Knowledge about Human Nature; Randy Larsen, David Buss.

Personality and Psychopathology; C. Robert Cloninger.

Neurosis and human growth; Karen. Horney

Our inner conflicts; Karen Horney.

Comprender la vida; Alfred Adler.

Volver a aprender a montar en bicicleta. Trastorno Límite de la Personalidad; Dr. Tomás de Flores Formentí et al.

Deja de andar sobre cáscaras de huevo; Paul T. Mason et al.

La superación de la dependencia emocional: Cómo impedir que el amor se convierta en un suplicio; Jorge Castello Blasco.

How to spot a histrionic personality: Joe Navarro.

"Diferencias de personalidad entre población general y población clínica". Roberto Sánchez.

Los narcisistas perversos y las uniones imposibles; Enrico María Secci.

El Trastorno Límite de la Personalidad; Dr. Tomás de Flores Formentí et al.

Manic-depressive insanity and paranoia; Emil Kraepelin.

Einführung in die psychiatrische Klinik; Emil Kraepelin.

El síndrome del perfeccionista. El anancástico; Manuel Álvarez Romero. Domingo García- Villamisar.

Soliloquios en Inglaterra y soliloquios posteriores; George Santayana.

Trastorno de Personalidad (TP); Steven Hawthorne.

https://www.psychiatry.org/

https://www.psychiatry.org/patients-families/personality-disorders/what-are-personality-disorders

https://www.msdmanuals.com/es/hogar/trastornos-de-la-salud-mental/trastornos-del-estado-de-%C3%A1nimo/depresi%C3%B3n
https://www.nytimes.com/2016/07/21/science/human-connectome-brain-map.html

https://www.psychiatry.org/patients-families/personality-disorders/what-are-personality-disorders

Diseño de portada: Steven Hawthorne

Imágenes adaptadas de:

Steven Hawthorne

https://sp.depositphotos.com

https://www.storyboardthat.com/es/

https://www.canva.com/

https://www.doodly.com/

https://pixton.com

https://pixabay.com/es/

https://www.istockphoto.com/es

https://www.movavi.com/es/video

https://www.istockphoto.com/es

https://studio.tailorbrands.com/

editorfreelogindesign.org

amazon. Kdp. Com

Blog – Psicología (stevenhawthorne.com)

https://www.amazon.es/STEVEN-

HAWTHORNE/e/B08DMXQVWJ/ref=dp_byline_cont_pop_ebcoks_1

https://www.youtube.com/channel/UCXeK7UTqcDRzfPg206I<jDA

CUADERNILLO

PSICOLOGÍA